30만원으로
한 달 살기

TSUKI 3-MAN EN BIJINESU
by FUJIMURA Yasuyuki

Copyright ⓒ 2011 FUJIMURA Yasuyuki All rights reserved.
Originally published in Japan by SHOBUNSHA, Tokyo.
Korean translation rights arranged with SHOBUNSHA, Japan
through THE SAKAI AGENCY and ERIC YANG AGENCY.

이 책의 한국어판 저작권은 에릭양 에이전시를 통한
저작권자와의 독점 계약으로 북센스에 있습니다.
저작권법에 의해 한국 내에서 보호를 받는 저작물이므로
무단전재와 복제를 금합니다.

일러두기

- 본문에 쓰인 '3만엔'은 '금액'보다 '개념'이 중요하기 때문에 원화로 계산을 하지 않고 그대로 표기했다. 참고로 2017년 6월 현재 3만엔은 약 31만원이다.
- 지은이 주와 옮긴이 주는 구분하지 않고 별색 작은 글씨로 표기했다.
  예) '3만엔 비즈니스'는 한 아이템에 들이는 시간이 한 달에 이틀16~20시간 정도을 넘기지 않아야 합니다.
- 단어와 개념의 이해를 돕기 위해 영문과 한자를 별색 작은 글씨로 표기했다.
  예) 일본 전국에 공인된 'NPONon-Profitable Organization, 비영리 공익단체'가 3만2,000개나 됩니다.

> 적정기술 발명가
> 후지무라 박사의
> 행복한 삶의 방식

30만원으로 한 달 살기

후지무라 야스유키 지음
김유익 옮김

추천의 글
지금처럼 살아서는 안되는 이유

후지무라 선생을 만난 것은 『플러그를 뽑으면 지구가 아름답다』는 책을 통해서였다. 서울에서 한국어 책 출간을 기념하는 자리에서 그 분을 만난 후, 나는 마침 일본에 있던 남편, 그리고 탈핵 운동가 이원영 선생과 나스의 '비전력공방'을 찾아갔다. 당시 도쿄의 한 다국적 기업에 다니면서 나무늘보 클럽에서 자원봉사를 하고 있던 김유익 씨가 우리 가이드가 되어주었다. 나는 다국적 기업 일은 그 정도 하면 되니까 더 늦기 전에 생애 전환점을 찍으라며 유익 씨를 꼬셔온 터였다. 그것이 효력이 있었던지 그 즈음 그는 후지무라 선생의 문하생이 될 결심을 굳혔다. '45세 은퇴 계획'을 앞당겨 39세에 결단을 내려 나스의 공방으로 이사할 준비를 하고 있던 터였다. 유익 씨는 이 책, 『3만엔 비즈니스, 적게 일하고 더 행복하기』를 번역한 분이고, 여러 면에서 후지무라 선생의 공방과 한국의 청년들을 잇는 통신사 역할을 해주고 있다.

나스는 아주 아름다운 산 동네였다. 도쿄에서 두 시간 전철로 가서 나스역에 내리자 후지무라 선생이 기다리고 있었다. 차로 20분 정도 달리자 흙으로 빚은 하얀 해시계 탑이 나왔다. 그곳에 차를 세우자 공방으로 가는 풀밭 길이 이어졌다. 작은 길을 따라가자 연못이 보이고 꽤 넓은 터 이곳 저곳에 드문 드문 들어서 있는 닭장과 온실, 작업실과 솔라 하우스, 목욕탕 등 다양한 비전력 건축물들을 만났다. 현관 앞에는 몽골유목민을 위해 고안했다는 유명한 비전력 냉장고가 놓여 있었고, 거실에 들어서니 대기 속 방사능 수치를 재는 계측기를 만드느라 여념이 없는 청년이 있었다. 바로 후지무라 선생의 아들 켄스케 씨라고 했다. 그는 미국에서 석사 과정을 마치고 엔지니어로 있다가 돌아와 아버지 공방의 첫번째 문하생이 되었다. 이 부자는 방사능 계측기가 터무니 없이 비싸다는 것을 알고 일반인들이 싸고 쉽게 구입할 수 있는 계측기를 만드는 중이었다. 유익 씨를 포함해서 새로 모집한 문하생 네 명은 앞으로 일년간 비전력 카페를 만들 팀이라고 하는데, 그 카페에서는 전기 없이 만든 아이스크림을 먹을 수 있을 것이라 했다. 후지무라 선생의 아름다운 피아니스트 아내와 가족처럼 지내는 문하생들이 차린 식탁에서 카레 라이스를 먹은 후 나스 지역의 생태적 삶과 주민 활동 현장을 둘러보았다. 물론 우리는 경치가 빼어난 아름다운 온천탕도 놓치지 않고 즐겼다. 만난 지 얼마 되지 않는 시간에 의기투합한 우리들은 후지무라 선생을 한국에 초청할 계획을 세웠고, 동행했던 이원영 교수도 자신의 생태 강좌 특강에 선생을 모시기로 했다. 그 후 후지무라 선생 부부가 한국을 방문했고, 그리 자주 만난 것은 아니지만 이제 후지무라 선생을 떠올리면 '오래된 미래'를 함께 한 동네 사람 같은 친밀감이 든다.

후지무라 야스유키, 1943년 일본에서 태어난 발명가이자 사업가. 시대를 훨씬 앞서가는 작업을 함. 천여 개의 특허를 갖고 있음. 1847년에 미국에서 태어난 토마스 에디슨. 세상을 놀라게 한 천재, 천 개가 넘는, 당시 가장 많은 특허를 가진 발명가이자 사업가. 갑자기 나는 백 년을 사이에 두고 태어난 두 발명가를 비교하고 싶어졌다. 두 분 다 일상적 삶에 적용할 다종 다기한 기술상품을 개발했고, 그 아이디어를 사업화하는데도 관심을 기울였던 발명가들이다. 그런 면에서 두 분은 아주 비슷한데, 둘의 차이 역시 흥미로울 것 같지 않은가?

백 년 전 에디슨은 전기를 많이 사용하는 발명품을 만들어내느라 아주 바빴던 사람이다. 전화기, 축음기, 전등, 발전소, 전차, 축전지가 모두 그의 발명품이다. 그는 발명과 사업에 바빠서 자녀들과 별로 시간을 보내지 못했으며 그래선지 아들과의 관계가 좋지 않았던 것으로도 유명하다. 반면 후지무라 선생은 전기를 가능한 한 적게 사용하는 제품을 만드느라 분주했다. 후지무라 선생이 천식을 앓는 아들을 위해 공기청정기를 만들었고 이를 계기로 대기업 연구소 직장을 그만두고 '어린이들의 건강과 환경에 좋은 것'을 만드는 사업에 몰두하게 된다. 전력과 화학물질을 지나치게 사용하는 바람에 발생한 어린이들의 곤란한 상황을 타개하기 위해 그는 전기사용을 줄이고 재생에너지를 활용하기 위한 발명품을 만들어왔던 것이다. 『플러그를 뽑으면 지구가 아름답다』는 책에서 그는 그간 우리가 얼마나 비효율적으로 에너지를 사용해왔는지를 일러주면서 '유쾌한 비전력 생활법'을 제시한다. 태양열 조리기, 달과 별빛을 활용한 냉장고, 청소기, 습도계, 무공해 탈취기, 제습기, 환기장치 등 그가 개발한 제품은 듣기만 해도 창의적이고 착해지는 느낌이 드는 것들이다.

에디슨은 1878년, 그의 나이 31세에 제너럴 일렉트릭 회사를 만들었고 80여 세까지 살면서 연구자적 탐구심이나 사회의식보다는 상업주의자라는 평을 들어온 편이다. 반면 후지무라 선생은 돈벌이와는 상관없이 곤경에 처한 사람들을 위해 발명을 하고 자신이 만든 제품을 적정 가격으로 제공해왔다. 몽골 유목민을 위한 냉장고가 그 점을 단적으로 보여주는 사례일 것이다. 전기가 없어 냉장고를 사용할 수 없는 초원에서 주식인 양고기와 양젖을 3일만 지나면 버려야 한다는 사정을 알고 후지무라 선생은 전기 없이 맑은 달빛과 별빛만으로 작동하는 그 지역에 맞는 냉장고를 만들었다. 냉장고 가격은 양 두 마리 값이었는데, 유목민들이 흡족해 하는 비용에 맞추어서 만든 것이었다.

에디슨도 물론 인류가 행복해지기를 바라면서 발명에 몰두했을 것이다. 그리고 그는 시장을 믿었던 사람이고 인류가 유토피아를 지구상에 건설할 수 있다고 믿었을 것이다. 그 당시 사람들은 실은 거의 그러했으니까……. 후지무라 선생은 유토피아를 믿지는 않는다. 그냥 인류가 소박하게 지구상에서 하나의 종으로 계속 살아남기를 바라는 마음에서 '비전력화 프로젝트'를 수행한 분이다. 조명기구, 냉장고, 세탁기, 텔레비전, 컴퓨터, 휴대전화가 없는 삶을 상상할 수 없게 된 지구인들은 과연 화석 에너지와 원자력 발전의 문제를 해결해낼 수 있을까? 이 질문에 후지무라 선생은 그 여유 있는 미소를 띠고 이렇게 말할 것이다. "물론, 할 수 있지요! 쾌적함과 편리함만이 행복의 전부라고 여긴다면 어렵겠지만 건강, 마음의 풍요, 따스함이 스며있는 인간관계가 행복의 소중한 일부임을 자각하게 된다면 그건 그다지 어렵지 않을 겁니다."

인류에게 유토피아를 선물해 주리라 믿었던 근대 과학은 20세기 후반에 들어서서 엄청난 재앙의 원천이 되고 있다. 그런데 이에 대해 반성을 하고 있는 과학자들은 의외로 적다. 나는 인류의 삶을 엄청나게 바꾸어낼 발명을 하면서도 그 발명품이 가져올 사회경제적 효과에 대해서는 무심한 과학기술자들을 보면 화가 난다. 더구나 그가 인격적 인간으로서의 통합성을 가지지 못할 때 더욱 화가 난다. 후지무라 선생은 그런 면에서 내게는 희망을 주는 발명가이다. 그는 공자님의 "수신제가 치국평천하" 하라는 말을 따르는 분이고, 말과 행동이 같이 가는 삶을 사는 분이다. 그는 타인과 더불어 행복하게 살아가는 삶에 대한 기도를 놓은 적이 없다. 에디슨과 후지무라 선생을 비교해보면서 결국 나는 이 말을 하고 싶었던 것 같다. "에디슨의 시대는 가고 후지무라 시대가 왔다"는 말을! 거대 투자가 없이는 발명이 불가능해진 시대, 곧 과학 기술과 발명의 활동이 '카지노 자본주의'의 도구가 되는 시대를 끝내고 사람과 삶이 돌아오는 적절한 규모의 삶과 적정기술의 시대를 열어가야 할 때다. 도넬라 메도우 여사가 주도했던 『성장의 한계』도넬라 메도즈·데니스 메도즈·요르겐 랜더 지음, 갈라파고스, 2012.와 E.F.슈마허의 『작은 것이 아름답다: 인간중심의 경제를 위하여』문예출판사, 2012.의 원리를 되새기며 일상적 삶의 회복이 가능한 규모의 삶, "작은 것이 아름다운 시대"를 열어가야 한다. 맹목적인 성과주의 사회에서 피로에 쩔어 살아가기에 인생이 너무 아깝지 않은가?철학자 한병철은 저서 『피로 사회』에서 성과사회의 피로가 생산되는 구조를 탁월하게 분석해주고 있다. 문학과 지성사, 2012.

이 책은 응용 물리학자 후지무라 선생이 단순한 과학기술자의 수준을 넘어서 철학과 경제학과 인류학을 다 섭렵하고 있음을 보여주는 발명품이다. 훌륭한 발명가들에게 경계는 무의미하다. '3만엔 비즈니스'는 기술과 인문학의 경계, 경제와 사회의 경계를 넘나드는 사람들이 이해할 수 있는 개념이다. '3만엔 비즈니스'는 경계를 넘지 않으면 살아남기 힘든 난감한 시대를 살아가게 하는 탁월한 발명품이다. 후지무라 선생 자신도 '3만엔 비즈니스'가 자신이 만든 가장 훌륭한 발명품이라고 말하였다.

2012년 봄에 서울 하자 센터에서 '3만엔 비즈니스'에 관한 강연과 워크숍을 진행했는데 그 때 한국의 청년들이 가장 알고 싶어한 것은 다양한 사업 아이템이었다. 그간 쏟아져 나왔던 자기 계발서나 비즈니스 아이템 소개책에 익숙해져서 그런 질문이 나온 모양인데 이 책은 이제 그런 생각자체를 바꾸어야 한다고 말해준다. 우리가 지금처럼 살아서는 안 되는 이유를 말해주는 훌륭한 책들은 많다. 그런 책 중에서도 후지무라 선생의 책이 탁월한 이유는 그 이야기를 아주 소박하게, 그리고 구체적 대안과 함께 제시하고 있기 때문이다. 그는 비즈니스란 내 생활의 방편을 말하는 것이지 이윤을 남기는 회사를 차리는 것이 아니라는 것, 내 생활의 주요 방편은 자급자족 단위를 구성하는 데서 시작하는 것이라고 분명히 일러주고 있다.

후지무라 선생은 이제 자신의 삶을 새롭게 구성해보라고 말하면서 한 달에 이틀 일하면 되는 '3만엔 비즈니스'를 해보라고 권한다. 월 이틀 일하는 '3만엔 비즈니스'를 세 가지를 하면 한 달에 6일을 일하고 9만엔을 벌게 된다. 그리고 24일은 휴일이다. 24일 동안 자기가 원하는 자활 활동을 하면서 지낼 수 있다. 그림도 그리고 음악도 듣고 친구들과 공동의 식탁도 마련하고 텃밭도 가꾸고 몸에 좋다는 효소도 담그면서 지낼 수 있다. 그렇다면 어쩌면 9만엔도 필요하지 않을 것이다. 황당하게 들리는가? 전혀 그렇지 않다. 이미 그렇게 사는 이들이 주변에 나타나고 있다.

작년에 나는 제주도 여행을 하면서 해녀 학교에 다니는 20대 후반~30대 초반의 매력적인 여성들을 만났다. 그들은 서울에서 디자이너로, 출판사 편집자로, 웹 디자이너로 바쁘게 살아가던 사람이었다. 틈이 나면 세계 여행을 빠듯한 일정으로 다니며 숨가쁘게 살아갔던 이들이다. 그런 이들이 어느 날 의기투합해서 직장을 그만두고 제주도로 이주해서 살기로 했다. 적어도 이들은 대도시 서울에서 비싼 집세를 내면서 닭장 같은 사무실에서 하루 열두 시간 노동을 하다가 몸만 망가뜨리는 미련한 삶을 더 이상 살 필요가 없다는 판단을 내렸다. 그들은 바닷가 마을에 마당이 딸린 아담한 집 한 채를 년 300만원 전세로 빌려서 함께 살기 시작했다. 농사 짓는 일을 배우고자 한 터라 동네 밭일을 하면 일도 배우고 가볍게 월 3만엔은 벌 수 있다. 서울에서 번역이나 책 편집 등 일감이 들어오면 좀 더 수입을 올릴 수도 있다. 그러나 내키지 않으면 그런 일은 구태여 하지 않는다. 자전거를 타고 다니기 때문에 교통비가 들지 않고 텃밭을 가꾸기 때문에 부식비도 들지 않는다. 함께 식사를 하기 때문에 식비도 별로 들지 않는다. 화장지 등 소비재 사용은 가능한 한 줄인다. 가끔 제주시에 하는 특별 영화 상영회나 전시회도 가고 타지에 사는 친구나 부모를 만나러 갈 비용 정도만 있으면 된다. 최근에는 이왕 바닷가에 왔으니 물질도 배우면 좋겠다는 생각이 들어서 해녀 학교를 다닌다. 마침 나라에서 장려하는 일이라 해녀 학교의 등록비도 지원을 받는다. 학교에 다니면서 해외와 육지에서 온 새로운 친구들도 만나 자주 어울린다. 친구들과 함께 사회경제학이나 인문학 세미나를 하기도 한다. 최근 정부에서 해군기지를 짓겠다며 주민의 반대에도 불구하고 공사를 강행하고 있는 곳이 있다. 이들은 반대 시위를 하고 있는 현장에도 수시로 가서 시위도 하고 여러 가지 일을 돕기도 한다. 이들의 사는 모습이 바로 일 주일에 하루 이틀 일하고 나머지는 자신과 사회를 활기 있게 하는 일을 하면서 지내는 라이프스타일이다. 이들이 계속 제주에 살지 않을 지도 모른다. 몇 년 후에 다시 서울로 갈 수도 있고 가서 하자 센터와 같은 재미난 동네가 있으면 다시 취직을 하고 더 빡세게 일을 할 수도 있을 것이다. 그러다 힘들면 또 다시 제주에 내려가 살 수도 있을 것이다.

이들은 예외적 존재일까? 아니라고 생각한다. 주변을 둘러보면 이런 새로운 감수성과 철학을 가진 청년들이 적지 않다. 이들처럼 같이 살지는 않더라도 주말에 함께 농사를 지으려 서울 근교로 나가는 청년들, 함께 모여 사회적으로 의미 있는 일을 도모하는 디자인 그룹 청년들, 도심 내 빌딩옥상에서 텃밭을 함께 가꾸는 주민들도 실은 단순히 텃밭을 가꾸는 사람들이 아니다. 더 이상 사회에 이롭지도 않고, 의미도 없는 일을 하면서 지낼 수는 없어서 좀 다른 삶을 찾고 있는 사람들이다. 더 이상 심한 노동으로 몸을 상하게 하고 싶지는 않은 사람들, 노후의 안정성을 보장해주지도 않을 일을 두고 회사 일에 목을 매고 싶지 않은 사람들이다. 이들은 가장 안정적이라고 말하는 일자리도 실은 비정규직이며 '알바 인생'일 뿐임을 간파한 사람들이다. 그래서 딴짓을 시작한 것이다. 이런 딴짓은 조만간 현명하게 자기 앞가림을 하는 방향으로 진화할 것이고 이들은 곧 자급력, 자신의 생활방편, 자신의 비즈니스에 대해 구상을 시작할 것이다. 이른바 이동하는 청년들, '도시 부족 urban tribe'이 만들어지고 있는 것이다.

'정규직/비정규직'의 구분이 사실상 별 의미가 없는 시대. '고용 없는 성장'의 시대를 믿고 대책이 서지 않는 삶을 마냥 살아갈 수는 없다는 것을 알아차린 이들이 늘어나고 있다. 이들은 묻는다. 더 이상 성장/성숙이 불가능한 롤러코스트처럼 달리는 기계사회에 더 머물 필요가 있을까? 영혼을 잠식당하면서 언제까지 버텨야 할까? 물론 나는 모든 사람들이 당장 모든 것을 그만 두라는 말은 물론 아니다. 그러나 슬슬 전환점을 찾기 시작해야 한다고 생각한다. 그간 '보이지 않는 손'에 의해 그런대로 잘 굴러 간다고 생각했던 자본주의는 경제학자 낸시 폴브레『보이지 않는 가슴: 돌봄 경제학』, 또하나의문화, 2007.가 지적했듯이 '보이지 않는 가슴'이 존재했기에 가능했던 체제였다. 화폐 가치로 전환되지 않은 돌봄과 배려, 소통과 호혜의 영역이 그간 자본의 세상을 든든히 받쳐주었다. 그런데 이제 그 '보이지 않는 가슴'의 영역이 급격히 사라지고 있어서 체제 자체는 붕괴할 위기에 처했다. 그간 '보이지 않는 가슴'의 영역에서 삶을 버텨왔던 주부들은 더 이상 진정한 의미의 돌봄의 활동을 하지 못하게 되었다. 아이들을 학교만이 아니라 학원에 보내야 하기 때문이다. 이들은 더 이상 힘들어하는 친척들을 돕고 마을을 돌보지 않는다. 이들은 더 이상 자원봉사를 할 시간도 없고 아이들을 놀이터에 데리고 갈 시간도 없다. 비싸지기만 하는 자녀 학원 비와 점점 불안해지는 노후를 위한 자금을 벌어야 하기 때문이다. 모두가 시장으로 나갔고, 시장에서는 그간 가정에서 담당해온 친밀성과 돌봄의 영역까지 자신들이 더 잘 충족시켜줄 수 있다면서 소비를 부추긴다. 그래서 모두가 '돈돈'하면서 불안하게 살아가고 있는 것이다. 어떤 자발적인 시도도 돈에 의해 매개되는 체제로 빨려 들어가게 된 상태에서 '사회적 관계'는 말라 시들어가고 시장의 해법으로 문제를 해결하려고 발버둥칠수록 문제는 더 복잡하게 꼬일 가능성이 높다. 이런 난감한 불확실성의 시대는 '마이크로 매니징'으로 문제를 풀 수 있는 상황이 아니다.

바바라 어렌라이크『긍정의 배신』, 부키, 2011.는 지금은 "실존에 대한 명확한 인식과 용기existential clarity and courage"가 필요한 때라고 말하고 있는데 후지무라 선생은 '3만엔 비즈니스'라는 재미난 개념을 가지고 고심하는 청년들에게 말을 건다. 거시적 흐름에서 이 책『3만엔 비즈니스, 적게 일하고 더 행복하기』의 철학은 우리보다 조금 일찍 난감함에 봉착한 서양의 '선진국 주민들' 사이에서 DIY do it yourself이라고 불리던 삶의 방식, 그리고 지역화 localization, 사회적 기업, 협동조합, 허브 등 사회경제로의 전환을 시도하는 움직임과 닿아 있다. 승자독식의 경쟁사회에서 비켜나서 슬기롭게 살아갈 길은 '사회에 이로운 착한 일거리'를 찾아 하면서 마을에서 즐겁게 사는 것이라고 그는 말해주고 있다. 나는 제주에 간 여성들 외에도 한국에서 후지무라 선생이 제시하는 삶의 방식으로 살아가고 있는 이들을 꽤 알고 있다.

인문학 연구공간 '수유+너머'는 십여 년의 역사를 가진 도시 부족 마을이다. 그곳에 가면 세미나도 할 수 있고 다목적 카페에서 유목민의 노래를 들으며 노닥거리다가 함께 주말 농사를 지을 친구들을 모집할 수도 있다. 남산 밑 '게스트하우스 빈집'과 '빈 카페' 역시 '3만엔 비즈니스'의 철학이 구현되고 있는 곳이다. 빈집의 가장 오래된 주민인 지음 씨는 동네에서 자전거 배달을 해서 3만엔을 벌었으며 음악회와 세미나를 열어 3만엔을 번다. 필요하면 금고도 만들고, 재활용 가게 겸 카페도 차리고 조만간 공동육아방도 차릴 생각이다. 이런 청년들의 삶은 아직은 이동하는 '도시부족'적 성격이 강하다. 이들이 구체적 지역과 만나 정주할 때 엄청난 에너지를 내면서 사회를 바꾸어낼 것이라 생각한다.

후지무라 선생은 대도시를 떠나라고 말하지만 딱히 그러지 않아도 좋다고 나는 말하고 싶다. 도시에서도 '3만엔 비즈니스'를 하면서 행복하게 살아갈 수 있다. 때마침 시민운동가 시장이 선출된 서울시에서는 민관협력으로 마을 공동체 만들기를 해보자는 움직임이 일고 있다. 도시 부족들,

그리고 DIY족들이 그리 쉽게 관의 지원을 받으려 들지는 않겠지만 그래도 시민의 세금으로 세상을 구해야 하는 시점이니 아직 도시를 떠나고 싶지 않은 청년들은 서울에서 '3만엔 비즈니스'를 하면서 마을 만들기 작업에 참여를 하면 좋겠다. 주거비가 너무 비싸다면 '게스트하우스 빈집'에 기거해도 좋고, 공공건물을 청년들의 코하우징 공간으로 전환해서 비용을 줄일 수도 있다. 그런 식으로 더불어 사는 삶을 연습하면서 '3만엔 비즈니스'를 시작하는 것도 방법일 것이다.

나는 오늘도 에어컨을 켰다. 엄밀하게 말하면 남편이 켰고 나는 그 덕에 이 글을 마무리하고 있다. 그러나 나는 에어컨을 쓰지 않는 삶을 살고 싶다. 에어컨 대신 후지무라 선생이 고안한 제습기를 쓸 생각이 굴뚝 같다. 물을 낭비하지 않고 살고 싶고 지구를 망치지 않고 살고 싶다. 그런데 그것이 쉽지 않다. 후지무라 선생의 문하생들이 많아져서 '비전력 제습기'를 뚝딱뚝딱 만들어내기만 한다면 나는 좀 더 행복하게 살 수 있으련만……. 청년들이 어우러져 뚝딱뚝딱 집을 짓고 이웃과 함께 모여 집 수리를 하는 곳, 동네 총각이 동네 아줌마와 할머니와 함께 동네 식당과 반찬가게를 차려서 널널하고 즐겁게 사는 곳, 청년 남녀들이 함께 텃밭을 가꾸고 술을 담그다 사랑을 하고 동네 사람들 축복 속에 결혼을 하고 아이를 키우는 곳. 아이들이 부부 단손이 아니라 조부모와 삼촌과 이모와 이웃사촌과 함께 자라는 곳, 마을 중심부에 장터가 자주 서고 절기에 따라 축제가 벌어지는 곳, 재생 에너지로 충분히 살아갈 수 있는 곳, 나는 그런 곳에 살고 싶다. 바로 그런 마을이 '3만엔 비즈니스'가 흥하는 곳일테고 사람들이 행복하게 살 수 있는 곳일 것이다.

3평의 '개별 공간'과 30평의 '창조적 공유공간,' 3인이 모여서 벌이는 '3만엔 비즈니스'들이 만들어낼 기적, 나는 그런 것을 믿고 싶다. 혼돈과 불안의 시대이지만 자기 주제를 파악하고 자기 앞가림을 하면서 살아가는 이들이 늘어날 때 기적이 일어날 것이다. 작년에 하버드 대 마이클 샌델 교수의 『정의란 무엇인가?』라는 책이 한국에서만 130만부가 팔렸다고 화제가 되었다. 최근에 그는 『돈으로 살 수 없는 것들』이라는 제목의 책을 들고 한국에서 대대적인 강연회를 열어 또 한 차례 독서광풍을 일으켰다. 돈으로 살 수 없는 것들에 대한 통찰력을 담은 후지무라 선생의 이 책 역시 그 못지 않은 독서광풍을 일으키리라 믿는다. 후지무라 선생을 서울에서 더 자주 만날 수 있기를 고대하며 추천의 글을 마무리 하려 한다.

우리는 친구들과 노닥거릴 시간, 함께 노동할 시간, 그리고 기도할 시간이 필요하다는 것을 잊지 말자. 숨 제대로 쉬면서 오늘도 흐뭇한 하루이기를!

2012년 7월 25일 유난히 더운 여름 낮에
조한혜정
연세대 문화인류학과 교수

한국의 독자들에게
젊은이들을 위한 새로운 선택

비즈니스는 경쟁에서 이겨야 하는 것…… 이라고 모두들 생각합니다. 언제부턴가 상식이 되어버린 생각입니다. 조화 안에서의 일정한 경쟁은 필요한 것이겠지만, 현대 사회의 경쟁은 이미 그 선을 넘은 지 오래입니다. 좀 과장해서 표현하면, 승자는 한 명뿐이고 나머지는 모두 패자가 되는, "세상은 일등만을 기억한다!"는 구호가 아주 잘 어울리는 세상입니다. 당연히 패자 취급당하는 '지방'에는 돈도 일자리도 찾아보기 힘든 현실입니다. 지방에는 일이 없으니 사람이 줄고, 사람이 없으니 일도 줄고, 세계 여기저기에서 똑같은 '악순환'이 벌어지고 있습니다. 젊은이들이 대도시에서 몸과 마음이 지칠 때까지 '원하지도 않는 일'을 하며 살 수밖에 없는 사회 시스템, 비즈니스의 방식에 저는 반대합니다. 모두가 불행해지는 구조이기 때문입니다.

일본의 많은 젊은이들이 제 생각에 동의하지만, 별 뾰쪽한 수가 없으니 도시에서 스트레스 가득한 '샐러리맨 생활'을 지속합니다. 해서 제 나름의 경험을 바탕으로 '3만엔 비즈니스'라는 새로운 개념의 비즈니스 방법론을 제시해봤습니다. 착한 일을 하면서 즐겁게 돈을 벌 수 있다면…… 빼앗는 게 아니라 나누어 갖는 비즈니스라면…….

일본의 적지 않은 젊은이들이 이 책을 읽고 기뻐했습니다. 책을 읽고 용기를 얻었다고 눈물을 흘리며 고백하는 친구들도 있었습니다.

한국의 젊은이들도 이 책을 읽고 공감하지 않을까 짐작해봅니다. 일본 못지 않은 '초경쟁사회'에서 수많은 이들이 고통 받고 있다는 걸 익히 들어서 알고 있기 때문입니다.

한국어판은 연세대학교 조한혜정 선생님께서 감수해주셨습니다. 혜정 선생님은 제가 존경하는 동료이며, 한국의 여성운동과 대안교육의 리더라는 걸 잘 알고 있습니다. 무엇보다도 '공생사회'를 지향한다는 점을 뜨겁게 공감하며 늘 많은 도움과 자극을 주고 받고 있습니다. 혜정 선생님의 좋은 동료인 하자센터 김희옥 선생님은 한국어판에 추가된 부록을 쓸 수 있도록 '자공공自共公 포럼'을 기획하여 저의 한국 방문 및 이 책의 출간에 큰 도움을 주셨습니다.

혜정 선생님의 소개로 제가 운영하는 일본 도치기현 나스의 '비전력공방'에서 생활하며 자급자족자활自給自足自活 즉 자립自立 기술을 배우고 있는 김유익 씨가 이 책을 한국어로 번역해주었습니다.

한국어판 출판을 맡아주신 북센스의 송주영 대표는 작년 여름 한국에서 출간된 졸저 『플러그를 뽑으면 지구가 아름답다』의 출판에도 많은 힘을 쏟아주셔서 늘 감사하고 있습니다.

제가 한국어를 '조금 밖에' 모르는 탓에 한국어판의 품질(?)은 '상상'에 의존할 수밖에 없지만, 분명히 훌륭한 결과물이 될 거라고 믿어 의심치 않습니다. 한국의 여러 친구들이 열정적으로 도와주셨기 때문입니다.

'경쟁사회'에 지친 한국의 젊은 친구들에게 이 책이 '새로운 선택지'를 제공해주는 계기가 될 수 있다면, 저에게는 더할 나위 없는 '행복'*입니다.

2012년 여름
후지무라 야스유키 @비전력공방

---

*일본어의 '행복'은 두 가지로 표기가 가능하다. 우리가 흔히 알고 있는 '幸'자를 사용하는 '幸せ'는 한자가 전래된 이후에 쓰이기 시작한 통상적인 'happiness'의 개념이다. 반면, 한자 문명을 접하기 전에 사용되던 일본의 전통적 '행복'은 자연이나 상대방과 조화를 이룬다거나 일이나 상황이 하늘의 뜻에 의해 자연스럽게 진행되어 나가는 걸 의미한다. 지금은 이 '오래된 행복'을 '새로운 행복'의 개념과 구분하기 위해 다른 한자를 사용해서 '仕合わせ'라고 표현한다. 후지무라 박사는 늘 후자를 사용한다.

들어가는 글
좋은 일을 하면서 즐겁게 살기

'3만엔 비즈니스'는 한 달에 3만엔만 버는 비즈니스입니다. 사업 아이템은 사회에 유익한 것이어야 하고요. 주변을 둘러보면 이런 비즈니스를 하는 이들이 적지 않습니다. 한 달에 3만엔만 벌기 때문에 욕심쟁이들은 거들떠보지도 않지요. '레드오션'과는 거리가 먼 '경쟁 없는' 비즈니스이니까 잘 생각해보면 아이템을 꽤 찾을 수 있습니다.

"한 달에 3만엔만 벌어서 어떻게 먹고 살아요!"라고 항의하는 분도 있겠지요. 그러면 '3만엔 비즈니스'를 열 가지 하면 됩니다. 그러면 월 30만엔이 되므로 먹고 살만 하겠죠? 돈을 적게 쓰면서도 즐겁게 사는 게 가능하다면, '3만엔 비즈니스' 다섯 가지로도 만족할 수 있을 테고요.

"두 마리 토끼를 쫓다가는 한 마리도 못잡는다는 말도 있는데 열 마리 토끼를 쫓으라고요?"라며 눈이 휘둥그레진 분도 계시군요. 경쟁 비즈니스라면 맞는 말씀일 테지요. '3만엔 비즈니스'는 시간이 남을 때 임대료가 필요없는 장소에서 하는 일입니다. 시간 안배만 잘하면 몇 개라도 병행할 수 있습니다. '부업'이 아니라 '겸업' 개념이지요.

한 달에 3만엔밖에 벌 수 없는 비즈니스라면 경쟁하려고 덤벼드는 사람들도 많지 않고, 친구들과의 협력도 한결 용이합니다. 다함께 모여 좋은 아이디어를 내고 서로서로 가르쳐 주고 부족한 점을 메우는 관계에서는 '상생의 비즈니스'를 실현할 가능성이 상당히 높습니다. 그리고 언제든 그

지역에 필요한 일을 금방 시작할 수 있지요.

아직도 글로벌라이제이션세계화이 제시하는 미래를 장미빛으로 보는 사람들이 있긴 합니다. 그러나 보다 많은 사람들은 진정한 풍요로움을 좇는 로컬라이제이션지역화에 주목하기 시작했습니다. 지금은 돈과 자원과 아이디어와 사람들이, 지역이라는 삶의 터전에서 지속적으로 순환하는 지역경제시대입니다. 글로벌 시장이 아니라, 삶이 뿌리 내리는 지역에 일자리가 넘치는 시대로 나아가야 합니다.

우리는 그 과도기에 살고 있습니다. 현실을 들여다보면 지역에는 일자리가 별로 없습니다. 희망을 품고 지역으로 이주한 젊은이들이 일거리를 못 구해 축 처진 어깨로 도시로 귀환하는 슬픈 광경이 지금 일본 모습입니다. 도시로 돌아오면 높은 지출 수준을 감당하기 위해 다시 죽자고 일할 수밖에 없습니다. 그럴 바에는 지역에 남아 그곳에 필요한 새 일거리들을 만들면서 친구들과 어울려 사는 게 100배 낫지 않을까요?

좋은 일을 하면서 즐겁게 살기 위해 가장 필요한 건 '지혜'와 '친구'입니다. 그 중 '지혜'에 해당하는 비즈니스의 요령과 힌트를 제공하려는 게 이 책을 쓴 목적입니다. '방법론'이라고 불러도 좋습니다.

1부에서는 '3만엔 비즈니스'는 어떤 것인가를 정리했습니다. 2010년부터 '지방 일자리 창출 워크숍'이라는 일반인 대상 주말학교를 개설해서 운영해왔습니다. 2부에서는 그 워크숍에서 학생들을 위해 정리한 이론을 소개합니다. 아직은 가설단계이므로 금과옥조로 여기실 필요는 없습니다. '3만엔 비즈니스'는 소비 사회에 휘말리지 않는 라이프스타일을 전제로 합니다. 그런 라이프스타일이 즐겁지 않으면 불행해질 수밖에 없습니다. 그래서 3부에서는 에너지와 돈이 없어도 얻을 수 있는 풍요로움의 사례를 소개했습니다. 4부에서는 실제 사례들을 소개합니다. 물론 사례에 지나지 않습니다. 이걸 힌트 삼아 자신만의 '3만엔 비즈니스'를 마음껏 창안해보시기 바랍니다. 5부는 2012년 4월 제가 한국을 방문했을 때 '3만엔 비즈니스'를 주제로 강연을 마친 뒤 참석한 분들과 나눈 이야기를 정리한 것입니다.

'쟁탈의 비즈니스'가 아니라 '상생의 비즈니스'가 많이 생기는 사회로의 전환을 염원합니다. 이 책이 작으나마 그런 계기를 만들 수 있다면 제게는 더할 나위없는 기쁨이자 행복일 것입니다.

'착한 일밖에 하지 않아요.'
'서로 빼앗는 게 아니라 나누어 가져요.'

이게 '3만엔 비즈니스'의 약속입니다.

2011년 봄
후지무라 야스유키 @비전력공방

차 례

추천의 글: 지금처럼 살아서는 안되는 이유 4
한국의 독자들에게: 젊은이들을 위한 새로운 선택 16
들어가는 글: 좋은 일을 하면서 즐겁게 살기 19

1부 3만엔 비즈니스, 새로운 삶의 방식

한 달에 3만엔만 벌기 28 | 착한 비즈니스 29 | 착한 사람이 하는 비즈니스 30 | 착한 사람을 위한 비즈니스 31 | 3만엔 비즈니스 열 가지 하기 32 | 지출이 적은 라이프스타일 33 | '부업'이 아니라 '겸업' 34 | 상생의 비즈니스 35 | 한 달에 딱 3만엔만 벌기 36 | 감동적인 상품 만들기 37 | 적절한 가격 책정하기 38 | 고객 연결하기 40 | 온라인 판매는 NO! 42 | 생산자와 소비자가 직접 거래하기 43 | 대출도 NO! 44 | 빚 내지 않고 물건 만들기 46 | 함께 만들기 48 | 영업경비는 제로! 49 | 친구의 도움받기 50 | 사회참여 활동과 3만엔 비즈니스 51 | 생태마을과 3만엔 비즈니스 52 | 워크숍 열기 54 | 지역통화와 3만엔 비즈니스 55 | NPO와 3만엔 비즈니스 56 | 일자리를 창출하는 3만엔 비즈니스 57 | 카피레프트, 마음껏 베끼기 58 | 지출의 법칙: 왜 '3만엔'인가? 60

2부 3만엔 비즈니스, 일자리 창출하기

고도 경제 성장의 대가 70 | 사람과 일 이어주기 71 | 정미클럽, 쌀밥 맛나게 먹기 72 | 유기농 커피 제대로 즐기기 73 | 뒷산에서 땔감 공급하기 74 | 내 손으로 집짓기 75 | 판매자와 소비자 이어주기 76 | 생산자와 소비자 이어주기 77 | 겸업화 하기 78 | 두 마리 토끼 쫓기 79 | 우프, 농촌체험 교류 80 | 작은 곳부터 지역화 하기 82 | 지역화의 조건 83 | 지역화 추진하기 83 | 자급자족 하기 86 | 현대사회는 의존사회 87 | 지방의 자급률 높이기 88 | 5종 세트 활용하기 89 | 자급률의 아홉 가지 범주 90 | 현실과 목표의 차이에 주목하기 90 | 노하우는 공짜로 나누기 92 | 지출이 적은 라이프스타일 93 | 즐겁게 자급자족하기 94 | 노하우가 비즈니스 95 | 초기 투자와 대출은 제로 96 | 레인보우 컴퍼니 98 | 위치의 정의 101 | 사업장과 소비자가 시골에 있는 경우 102 | 고향 앞으로? 103 | 시골로 찾아오게 만들기 104 | 평생 고객 확보하기 106 | 귀농 도우미 108 | 내 손으로 짓는 별장촌 109 | 동료의 존재는 필수 112 | 즐거움이 일의 주제 112 | 로컬 크리에이티브 113

3부 3만엔 비즈니스, 에너지와 돈이 필요없는 생활

나스의 비전력공방 120 | 20만엔으로 비전력 왕겨 단열주택 짓기 121 | 15만엔으로 만든 비전력 목욕탕 124 | 15만엔으로 지은 비전력 스트로베일 B&B 126 | 10만엔으로 만든 비전력 바이오 화장실 128 | 15만엔으로 만든 비전력 온실 130 | 비전력 냉장고 만들기 132 | 유기농을 중매하는 아르파 연주자 133 | 나무 위에서 사는 더글러스 씨 134 | 어느 부부의 행복한 귀농 스토리 137 | 즐겁게 자급자족하는 부부 140 | 천연 효모빵을 만드는 부부 143

4부　3만엔 비즈니스, 구체적 사례들

유기농 달걀 배달 148 | 자동차 배터리 재활용 비즈니스 151 | 왕겨 단열재 비즈니스 154 | 불춤 출장 퍼포먼스 157 | 오가닉 마르쉐, 유기농 채소시장 160 | 친환경 임산부 옷 돌려 입기 162 | 벽돌 오븐 만들기 164 | 스트로베일 하우스 B&B 167 | 트리하우스 주말 카페 170 | 빗물 비즈니스 172 | 장작 비즈니스 176 | 무농약 녹차 재배 비즈니스 180 | 태양열 온수기 비즈니스 182 | 주말농장 비즈니스 185 | 잉여채소 배달 서비스 188 | 건강 도시락 배달 서비스 191 | 장보기 대행 서비스 194 | 솔라 시스터즈, 에코하우스 투어 196 | 효모 비즈니스 199 | 태양열 오븐 만들기 202 | 커피 생두 비즈니스 205

 5부　Q&A로 알아보는 3만엔 비즈니스 209

나오는 글: 놀이하듯 비즈니스하기 231
옮긴이의 글: 새로운 살림살이 만들기 234

25

3만엔 비즈니스, 새로운 삶의 방식

1부

한 달에 3만엔만 벌기

'3만엔 비즈니스'는 한 달에 3만엔만 버는 비즈니스입니다. '한 달에 3만엔만 번다'는 원칙 때문에 욕심쟁이들은 거들떠보지 않습니다. 전 세계 구석구석까지 마수를 뻗친 글로벌라이제이션도 관심이 없을 겁니다. 때문에 경쟁이 심하지 않으므로 잘 생각하면 꽤 많은 아이템을 찾을 수 있습니다. 제가 운영하는 '비전력공방'의 제자 열 명과 회의를 해봤더니 두 시간 동안 50가지가 넘는 아이디어가 나왔습니다.

여기서 말하는 3만엔은 상품의 매출에서 제조원가와 기타비용을 제한 금액입니다. 회계용어로는 '영업이익'이라고도 합니다. 생계에 바로 보탬이 되는 돈이지요.

경쟁 비즈니스 : 마음껏 벌 수 있다.
3만엔 비즈니스 : 한 달에 3만엔만 번다.

착한 비즈니스

'3만엔 비즈니스'의 테마는 '착한 일'입니다. '착한 일'은 우리 이웃과 사회를 행복하게 만들어주는 것입니다. 다시 말하면, 우리 이웃과 사회가 불행하게 느끼는 점들을 찾아서 개선하는 게 '3만엔 비즈니스'의 테마인 것입니다.

우리는 그동안 경제가 발전하면 행복은 저절로 따라올 거라고 믿으며 살아왔습니다. 그런데 적지 않은 사람들이 그 생각에 의문을 품기 시작했습니다. 요즘은 오히려 불행이 넘치는 세상이 되어버렸습니다.

'착한 일'을 테마로 하는 '3만엔 비즈니스'는 돈을 엄청 벌 수 있는 비즈니스가 아닙니다. 주머니가 가벼운 사람들끼리 벌이는 일입니다.

'착한 일'을 하는 걸 사회적 비즈니스라고도 하고, 이런 비즈니스를 하는 회사를 사회적 기업이라고 부르기도 합니다. 그라민 은행의 창립자이자 2006년 노벨상 수상자인 무하마드 유누스 박사가 대표적인 사회적 기업가입니다. 이제 사회적 비즈니스는 시대의 소명이 되었습니다.

경쟁 비즈니스 : 돈벌이 되는 일만 한다.
3만엔 비즈니스 : 착한 일만 한다.

착한 사람이 하는 비즈니스

'착한 일'로 한 달에 3만엔만 버는 비즈니스를 하려는 사람은 당연히 착한 사람이겠죠. 착한 사람은 과도한 경쟁을 좋아하지 않습니다. 경쟁에서 패한 타인의 눈물과 희생을 대가로 돈을 번다면 행복하지 않을 테니까요. 착한 사람은 자신의 행복추구 노력이 타인과 사회 전체의 행복으로 이어질 때만 보람을 느낄 수 있습니다. '3만엔 비즈니스'는 그런 사람들만이 관심을 갖습니다.

"착한 일만 한다고? 먹고 사는 게 그처럼 낭만적인 줄 알아?"

여기저기서 꾸짖는 분들의 목소리가 들려오는군요. 욕망에 가득 찬 사람들이 달려드는 경쟁 비즈니스와는 정반대인 '착한 비즈니스'로 먹고 산다는 게 정말 불가능한 일일까요?

사람들이 욕심을 앞세우며 살아가는 시대가 오래 지속되어 온 건 사실입니다. 언제부터인가 비즈니스 현장은 윤리는 고사하고 상도의마저 찾아볼 수 없는 전쟁터가 되어버렸습니다. 상처투성이가 된 자신과 주위사람들의 모습에 마음 아파하는 이들이 점점 늘고 있습니다. 이런 사람들이 착한 일만 하면서 돈을 벌 수 있는 방법을 모색하기 시작했겠죠. 어찌 보면 이들은 도저히 견딜 수 없는 극한의 상황에서 빠져나갈 탈출구를 찾은 것이지 한가로운 소풍 길에 나선 게 아니랍니다.

경쟁 비즈니스 : 아무나 뛰어든다.
3만엔 비즈니스 : 착한 사람만 시작한다.

착한 사람을 위한 비즈니스

'3만엔 비즈니스'는 착한 사람이 착한 일을 비즈니스로 삼는 것입니다. 비즈니스는 상품, 즉 물건이나 서비스를 제공하는 것이므로 '3만엔 비즈니스'는 착한 사람이 착한 상품을 판매하는 일입니다. 착한 사람은 어질기도 하고 좀 어수룩한 구석도 있다 보니 상품의 세세한 부분까지 신경을 쓰지 못할 수도 있고 상품의 완성도가 좀 떨어질 수도 있습니다. 그런 '흠결'을 이해하고 사주는 소비자도 역시 착한 사람일 테지요. 착한 사람이 벌이는 착한 비즈니스의 중요성을 이해하고 있기 때문에 품질에 대해 너무 깐깐하지 않고 가격에 대해서도 조금은 관대할 수 있는 것이지요.

어쩌면 판매자와 소비자를 나누는 게 무의미할 수도 있습니다. 상품의 라이프사이클인 제조, 유통, 구매와 사용, 유지 및 보수를 함께 하는 동료 관계를 떠올려보세요. 동료 사이이니까 뭔가 감출 필요도 없고 단기적 이익을 위해 속임수를 쓸 일도 없습니다. 상품의 완성도를 높이는 것도, 착한 상품을 다른 사람들에게 알리는 것도, 함께 즐기면서 해나갈 수 있습니다. 동료애가 싹트는 건 물론이지요.

경쟁 비즈니스 : 누구나 소비자가 될 수 있다.
3만엔 비즈니스 : 착한 사람만 구매한다.

3만엔 비즈니스 열 가지 하기

"한 달에 3만엔으로 어떻게 살아요?"

이렇게 불평하시는 분도 있겠지요. 일본은 지구촌 국가 중에서도 평균 소득이 꽤 높은 편입니다. 하지만 지출이 필요 이상으로 많으면 돈이 모자랄 수도 있습니다. 그렇다면 '3만엔 비즈니스'를 열 가지 해서 월 30만엔을 벌어보세요. 대도시라면 좀 빠듯할지 몰라도 시골에서는 먹고 살만할 겁니다.

식량과 에너지는 가능하면 자급자족하고 집도 스스로 지어보세요. 무언가를 직접 만드는 건 즐거운 일이기 때문에 별도의 유흥비가 들지도 않습니다. 주변에 정다운 사람들이 늘 함께 하기 때문에 정보 통신비도 그리 많이 들지 않습니다. 소비가 적으니 수입이 많을 필요가 없겠죠. 시골에서 산다는 게 원래 그런 것이니까요. 그렇게 산다면 월 20만엔으로도 충분할 겁니다.

경쟁 비즈니스 : 하나의 비즈니스로 최대한 벌어들인다.

3만엔 비즈니스 : 3만엔 비즈니스 열 가지면 월 30만엔!

지출이 적은 라이프스타일

'지출이 적은 라이프스타일'은 대단히 중요합니다. 되도록이면 일상에서 시간 여유를 많이 확보해야 합니다. 그렇게 남는 시간을 활용해 텃밭에서 채소나 곡물을 재배하여 식량을 자급하고 에너지도 생산합니다. 혼자서 못하면 친구들과 같이 합니다. 친구들만 있으면 집도 함께 지을 수 있습니다.

대부분의 사람은 의, 식, 주, 에너지, 의료, 정보, 오락, 교육, 교통 등 아홉 가지 범주에 연금과 세금을 합하면 모든 지출이 파악됩니다. 이런 범주를 나열해 놓고 하나하나 따져보면 절약이 가능한 틈이 조금씩 보입니다.

정말 어려운 건 소비를 줄이면서도 즐겁게 사는 것입니다. 생활이 즐겁지 않으면 별도의 오락이나 기호품을 찾게 되고 결국 돈이 새어나갑니다. 또 한 가지 어려운 점은 이런 생활을 '3만엔 비즈니스'와 병행하는 것입니다. 즐겁게 절약하는 것, 그리고 이를 '3만엔 비즈니스'와 병행하는 길을 찾아낼 수 있도록 친구들과 머리를 맞대고 지혜를 모아야 합니다.

경쟁 비즈니스 : 소비지향적 라이프스타일을 유지하기 위해 끊임없이 돈을 벌어야 한다.

3만엔 비즈니스 : 지출이 적은 생활을 즐긴다.

'부업'이 아니라 '겸업'

'두 마리 토끼를 쫓다가는 한 마리도 못 잡는다.'
너무나 당연한 말입니다. 경쟁 비즈니스에서는 경쟁력 강화를 위해 한정된 자원을 잘 활용하여 핵심 역량에 집중하는 게 현명한 방법입니다. 그런데 '3만엔 비즈니스'를 열 가지 하라는 말에 "열 마리나 되는 토끼를 어떻게 쫓으란 말이냐?"며 혀를 차는 분이 있을 겁니다. 경쟁 비즈니스가 아닌 '3만엔 비즈니스'에서는 충분히 가능한 일입니다. 남는 시간에 공짜로 사용할 수 있는 장소만 골라서 하는 '3만엔 비즈니스'는 여유가 넘칠 수밖에 없습니다. 잘만 조합하면 여러 개의 비즈니스도 '겸업'이 가능합니다.

문명의 전성기에는 분업화가 대세입니다. 전성기이므로 가치관과 사회 시스템과 문화도 이미 정해진 길이 있습니다. 신분이나 수입이 안정되며 별다른 변화를 기대하기가 힘듭니다. 각 분야별로 분업과 전문성이 고도화됩니다. 그게 더 편하고 효율도 높을 수밖에 없습니다.

그런데 변화의 폭이 넓고 그 충격이 강렬한 문명의 전환기에는 종합적 사고와 겸업화가 더 유리합니다. 사회 이곳저곳에서 삐걱대는 소리가 들리고 이를 해결하기 위해 변화를 요구하는 목소리가 높아지는 지금이 바로 문명의 전환기인 것입니다.

경쟁 비즈니스 : 전업
3만엔 비즈니스 : 겸업

상생의 비즈니스

한 달에 3만엔만 버는 비즈니스라면 경쟁에 뛰어 드는 사람이 별로 없을 겁니다. 서로 욕심을 내지 않으므로 동료들과 쉽게 협력이 가능합니다.

예를 들어 20명이 모여서 2인 1조로 열 개의 팀을 만듭니다. 우선 각 팀이 하나씩 '3만엔 비즈니스'를 시작하여 1년 동안 궤도에 올려놓습니다. 이렇게 성공한 사례를 다른 아홉 개 팀에게 소개합니다. 비즈니스 노하우를 전수한다든지, 판매가 잘 되는 상품을 납품받을 수 있도록 돕는다든지, 방법은 여러 가지가 있겠죠.

결과적으로 다시 1년이 지나면 열 개 팀 모두 '3만엔 비즈니스'를 열 가지씩 할 수 있게 됩니다. 그야말로 '경쟁과 쟁탈의 비즈니스'가 아니라 '상생의 비즈니스'인 것이지요.

물론 좁은 지역 내에서 많은 사람들이 똑같은 아이템의 '3만엔 비즈니스'로 경쟁해서는 안 됩니다. 이걸 지키지 못하면 '3,000엔 비즈니스'가 될 수도 있습니다.

경쟁 비즈니스 : 쟁탈
3만엔 비즈니스 : 상생

한 달에 딱 3만엔만 벌기

'3만엔 비즈니스'는 열심히 해서 더 벌 수 있어도 한 달에 딱 3만엔만 벌도록 합니다. 만약 하나의 아이템으로 월 6만엔을 벌 수 있다면, '3만엔 비즈니스'를 하는 다른 친구에게 나누어주어 사이좋게 3만엔씩 벌도록 합니다.

경쟁 비즈니스는 '시장'을 확대하려 하고 경쟁자가 모두 사라진 독점시장을 꿈꾸기도 합니다. 재벌 총수나 거대기업이 엄청나게 많은 소비자와 '따스한 정을 나누는 관계'를 유지한다는 건 불가능한 일이겠죠. 그래서 '3만엔 비즈니스'의 정신에 충실하고 싶은 착한 기업가라면, 자기 욕심을 채우기보다는 동료에게 일거리를 나누어줍니다. 그렇게 행동하는 게 참 어려운 일인데도 불구하고 말입니다.

경쟁 비즈니스 : 시장 확대에 주력하고 가능하면 독점을 지향한다.

3만엔 비즈니스 : 시장과 비즈니스 기회를 친구에게 나누어준다.

감동적인 상품 만들기

'3만엔 비즈니스'를 한다고 해서 늘 3만엔을 벌 수 있는 건 아닙니다. 그 이유 중 하나는 상품성이 낮기 때문이죠. '강한 잠재적 욕구를 충족시키는 감동적인 상품을 제공한다.'는 게 신상품을 개발할 때의 첫 번째 원칙입니다. 상품 개발에 40년 동안 종사한 제 경험에서 나온 말입니다.

벌이가 되지 않는다면 먼저 '강한 잠재적 욕구'가 존재하는지 확인해볼 필요가 있습니다. 특히 '3만엔 비즈니스'는 경쟁 비즈니스가 주목하는 현실화된 욕구보다는, 사람들 마음속에 있는 강한 잠재적 욕구에 더 주목할 필요가 있습니다. '정말로 감동을 주는' 상품이 만들어졌는지도 잘 따져봐야 합니다. 상품은 이성을 바탕으로 한 필요성을 충족하는 것 이상으로 감성에 호소하여 감동을 줄 수 있어야 합니다. 물건을 사려는 욕구는 왠지 모르게 그것을 갖고 싶다는 감성의 소리에 귀 기울이는 것이고, 이런 저런 이유로 구매를 포기하는 건 치러야 하는 비용에 비해 상품의 효용이 크지 않다고 판단하는 이성에 설득당하는 것입니다. 결국 고객의 지갑을 여는 건 감성입니다. 일단 자신의 신상품 아이디어에 빠져 흥분한 상태가 되면 남의 이야기는 잘 들리지 않는 법입니다. 새로운 상품을 개발했다면 다른 사람의 객관적 의견을 꼭 들어보세요. 100명 중 세 명만 감동시킬 수 있어도 일단 합격입니다.

경쟁 비즈니스 : 잘 팔리는 상품
3만엔 비즈니스 : 강한 잠재적 욕구를 충족시키는 감동적인 상품

적절한 가격 책정하기

100명 중 세 명이 감동할 정도면 1차 합격이지만, 그렇다고 꼭 잘 팔리는 건 아닙니다. 가격이 적절해야 세 명 모두 기꺼이 지갑을 열겠죠. 비즈니스라는 건 상품을 제공하여 거래가 이뤄짐으로써 고객에게는 가치가 창출되고 기업은 이익을 얻는다는 단순한 방정식의 해법입니다.

가격 대비 가치가 충분하다고 느껴질 때 고객은 상품을 구매합니다. 상식이지만 쉽게 잊어버리지요. 저는 20년 동안 신상품 및 새로운 사업을 심사하는 일을 하면서 2,000건 이상을 검토했지만 기억에 남는 건 다섯 건 정도에 지나지 않습니다.

대부분의 상품 가격은 먼저 원가와 경비를 산정하고 거기에 원하는 만큼의 이익을 얹어 공급자 중심으로 결정됩니다. 그러다 보니 '가격 대비 가치가 높습니다.'라고 고객을 세뇌하는 게 영업의 주 목적이라고 오해하여 선전과 설득에 온힘을 기울입니다.

대부분의 기업과 사람들이 이런 패턴을 벗어나지 못합니다. 그런 방법으로 물건을 팔 수 있는 건 모두의 지갑이 두둑했던 과거 여유 있던 시절뿐이라는 걸 깨닫지 못하고 실패를 반복합니다.

반대로 먼저 가치를 정해봅니다. 자기 맘대로 정하는 게 아니라 소비자 입장에서 정합니다. 그런 뒤 가치보다 낮은 가격을 붙입니다. 마지막으로 원가와 경비를 가격보다 충분히 낮출 수 있도록 만드는 사람과 판매하는 사람이 머리를 맞대고 노력합니다. 그렇게 하면 적절한 이익을 거두는 방법을 찾을 수 있습니다.

잘 되지 않는다면 노력이 충분치 않았다는 뜻입니다. 혼자서는 도저히 답이 나오지 않는다면 친구들과 함께 생각해보는 게 좋습니다.

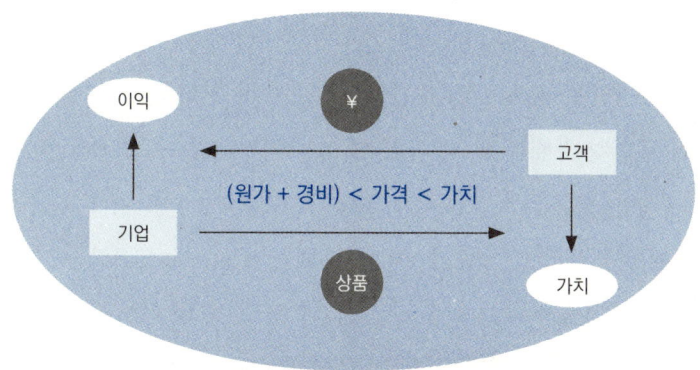

〈비즈니스와 상품/서비스의 성립조건〉

고객 연결하기

100명중 세 명이 감동했고 가격도 적절한데 여전히 팔리지 않는다면, 잠재고객이 너무 적기 때문일 겁니다. 경쟁 비즈니스라면 100명 중 세 명, 1,000명 중 30명, 10,000명 중 300명, 이런 식의 '시장 확대' 전략으로 문제를 해결하려고 할지도 모릅니다.

하지만 '3만엔 비즈니스'는 친밀한 이웃이나 친구와 동료 정도로 고객 범위를 제한하기 때문에 이런 방향으로 나아가서는 안 됩니다. 대신 고객을 연결하는 전략을 생각해볼 수 있습니다.

'3만엔 비즈니스'를 하면서 A라는 상품을 파는 a씨와, B라는 상품을 파는 b씨와, C상품을 파는 c씨가 있다고 합시다. 고객 확보에 어려움을 겪고 있는 세 사람은 현재 각자 월 10만원씩밖에 수입을 올리지 못하고 있습니다. 10만원이라도 벌고 있다는 건 상품성과 가격이 합격점은 넘었다는 뜻입니다. 그러므로 고객만 어느 정도 확보되면 '3만엔 비즈니스'가 안 될 이유가 없겠죠.

a, b, c씨가 각자의 고객을 서로에게 소개해주어 판매로 이어진다면, 세 사람 모두 월 3만엔의 목표를 달성하게 됩니다. 이때 물론 소개비 등을 따로 챙기거나 하지는 않습니다. 이 점을 절대로 잊어서는 안 됩니다. 소개비라는 부수입에 한눈을 팔게 되면 마음과 마음을 이어주려는 원래의 취지는 퇴색하고 맙니다.

경쟁 비즈니스라면 a씨도 b씨가 판매하는 상품 B를 판매하여 매출을 높일 수도 있습니다.

하지만 그러면 가격이 인상되고 특정 상품에 대한 잠재고객을 놓고 경쟁관계가 되기 때문에 서로 도우면서 살자는 원래의 취지에 어긋나게 됩니다. 결국 지속하기 힘든 비즈니스 모델인 것입니다.

경쟁 비즈니스 : 고객을 놓고 경쟁한다.
3만엔 비즈니스 : 고객을 양보한다.

온라인 판매는 NO!

현대 사회는 인터넷 쇼핑이 각광받는 시대입니다. 인터넷 쇼핑은 매장 판매와는 달리 설비 투자나 영업사원이 필요없고 광고를 하지 않아도 됩니다. 처음에는 잘 모르지만 조금씩 알려지다가 순식간에 '대박상품'이 될 수도 있습니다. 초기 자본 투자가 적고 최소한의 리스크로 물건을 팔 수 있다는 점에서 대단히 매력적인 판매 방식임에 틀림없습니다.

그렇지만 인터넷 쇼핑은 '3만엔 비즈니스'와는 궁합이 맞지 않습니다. 지금까지 설명 드렸듯이 '3만엔 비즈니스'는 같은 상품을 여러 사람이 각기 다른 지역에서 시장을 분할하여 판매하는 경우가 많습니다. 그런데 인터넷 경쟁 상대가 등장하면 전체 시장을 대상으로 경쟁해야 하기 때문에 저가 출혈 경쟁이 벌어질 가능성이 높습니다. 그러므로 '3만엔 비즈니스'에서는 인터넷 판매는 삼가는 게 좋습니다.

인터넷에서 팔릴만한 상품을 '3만엔 비즈니스'로 삼는 것도 문제가 있습니다. 인터넷에서 물건을 판다는 건, 좀 심하게 말하면 '먹튀'가 가능한 상품을 다루는 거라고도 볼 수 있습니다. 처음부터 판매자와 구매자의 관계를 배제함으로써 비용을 최소화하게 됩니다. 애프터서비스가 필요없고 잠시 쓰다가 버려도 별로 아깝지 않거나 배송료를 줄일 수 있는 상품이 적합합니다. '3만엔 비즈니스'는 이런 상품은 피하는 게 좋습니다.

경쟁 비즈니스 : 인터넷으로 판매한다.

3만엔 비즈니스 : 인터넷 판매는 하지 않는다.

생산자와 소비자가 직접 거래하기

 일본에서 복사용지가 유통되는 과정을 살펴보면, 먼저 제지회사가 복사기기 제조업체가 속한 그룹의 회사에 판매하고 그것을 다시 대형 도매업체에 판매하고 대형 도매업체는 다시 중간 도매업체에 판매하고 중간 도매업체는 다시 소매업체에 판매하는 식으로 여러 단계를 거칩니다. 최종 소비자가 복사용지를 손에 넣기까지 무려 일곱 단계나 거치는 게 관행이었습니다. 때문에 복사용지 한 장이 2엔 50전이나 했습니다.

 유통단계를 획기적으로 줄여 용지 가격을 50전대로 낮추자 '유통혁명'이라고 떠들썩했지요. 그런데 아직도 복잡한 유통단계를 거치는 제품들이 많습니다.

 '3만엔 비즈니스'는 도매상 등 복잡한 유통단계를 거치지 않기 때문에 가격을 보다 합리적으로 책정할 수 있으며 고객과의 연계도 수월해집니다.

 경쟁 비즈니스 : 유통 및 물류능력을 활용한다.
 3만엔 비즈니스 : 고객과 직접 연계한다.

대출도 NO!

경쟁 비즈니스에서는 은행대출이 필수입니다. 제조업체는 설비 투자와 재료 구매를 할 때 대부분 대출로 충당합니다. 좋은 제품을 저렴한 가격에 공급하려면 일정규모의 설비와 재료의 일괄 구매가 불가피하므로 목돈이 필요합니다. 매장을 낸다면 유동인구가 많은 번화가에 내는 편이 '잘 팔릴' 가능성이 높습니다. 병원을 차린다면 최첨단기기를 도입하고 '명의'를 모셔야 환자가 몰려들겠죠. 이러한 이유 때문에 대출이 필요해집니다. 조금 비약해서 이야기하면 지금과 같은 구조에서 경제 규모가 커진다는 건 대출이 늘어난다는 걸 의미한다고 볼 수 있습니다.

빚을 지면 이자와 원금 상환 압박에 놓이고 늘 현금 흐름을 고민하게 됩니다. 비즈니스가 순조로울 때는 문제가 없지만, 그렇지 않을 때는 매출을 유지하려고 무리수를 두기도 합니다. 대출금 상환뿐만이 아니라 다른 항목의 고정비용도 계속 발생합니다. 종업원 임금, 매장 임대료 등등.

'3만엔 비즈니스'는 대출을 받지 않고도 운영이 가능한 아이템을 선택합니다. 고정비용도 가능하면 제로가 되도록 합니다. 일정한 매출을 유지하기 위해 무리를 하는 방식은 '3만엔 비즈니스'에 맞지 않습니다. 무리를 하다 보면 스트레스도 쌓이고 사람들과 좋은 관계를 유지하는 것도 불가능해집니다.

"일정한 매출을 확보하지 못하면 생계를 유지할 수 없고, 결국 빚을 지게 되는 거 아닌가요?"

이렇게 반문하시는 분도 계시겠죠. 다음 세 가지를 기억해 주세요.

첫째, '지출이 적은 라이프스타일을 유지한다.' 소비가 적으면 수입이 줄어도 어떻게든 꾸려나갈 수 있습니다.

둘째, '고정비용을 제로에 가깝게 한다.' 집과 같은 공간에서 여유시간을 활용해서 합니다. 추가 인력이 필요하면 시간 여유가 있는 사람의 도움을 받도록 합니다. 시간 여유가 있는 사람은 좋은 일에 참여하는 것이므로 큰 대가 없이도 기꺼이 도움을 주려고 할 겁니다.

셋째, '겸업을 하라.' '3만엔 비즈니스'를 여러 가지 하고 있으면 그중 한두 가지가 일시적으로 잘 안 풀려도 나머지 비즈니스에서 매출을 올릴 수 있으므로 어느 정도 균형을 맞출 수 있습니다.

"달걀은 한 바구니에 담지 않는다." 증권가의 리스크 관리법은 '3만엔 비즈니스'에도 해당됩니다.

경쟁 비즈니스 : 빚에 쪼들리고 고정비용의 압박에 시달린다.
3만엔 비즈니스 : 빚을 내지 않고 고정비용은 거의 제로로 한다.

빚 내지 않고 물건 만들기

물건을 만들려면 설비와 도구와 재료가 필요합니다. 숙련된 기술자도 필요합니다. 다 돈이 드는 항목이죠. 그런데 돈은 물건을 판매한 후에야 손에 들어옵니다. 제조업에서 대출이 불가피한 이유입니다.

'3만엔 비즈니스'는 빚을 내지 않고 물건을 만듭니다. 빚을 지지 않고 만들 수 있는 물건만 취급합니다.

빚 내지 않고 물건을 만드는 방법은 여러 가지가 있습니다. '4부'에서 소개하는 '왕겨 단열재 비즈니스'의 사례처럼, 모든 설비는 농가의 기존 시설을 이용합니다. 농가의 일손이 한가할 때 만듭니다. 만들어둔 물건을 보관하는 곳도 농가의 창고입니다. 근처 건축 현장에 배달할 때는 농가의 소형 트럭을 이용합니다.

이렇게 기존 설비와 인력과 남는 시간을 활용하는 것도 빚내지 않고 물건을 만드는 방법 중 한 가지입니다. 빚만 내지 않는 게 아니라 불필요한 경비의 발생도 피할 수 있습니다.

지역의 중소 제조업체에 생산을 위탁할 수도 있습니다. 일본 중소 제조업체의 일감은 갈수록 줄어들고 있습니다. 앞으로 상황이 나아질 가능성도 별로 없어 보입니다. 당연히 여유 시간이 많고 어떤 일거리든 환영하겠죠. 그렇다고 달랑 한두 개만 만들어달라고 하면 받아줄 리가 없습니다.

이럴 때는 공동 위탁제조를 생각해볼만 합니다. 제품 하나를 한 사람이 한 달에 세 개 팔아서 3만엔씩 번다고 칩시다. 같은 비즈니스를 하는 사람 100명이 함께 발주를 한다면, 두 달마다 600개를 만들 수 있습니다. 공동

구매가 아니라 공동 위탁제조인 셈입니다. 이 정도면 여유 있을 때 기쁘게 받아줄 겁니다. 두 달에 한번 꼴이니 분명 여유 있는 시간이 있을 테고요.

제가 운영하는 '비전력공방'을 거쳐 간 제자들 중에서 중소 제조업체를 경영하고 있는 사람만 200명이 넘습니다. 그 중 150명 정도는 일감이 줄어 고민이 많습니다. '600개 발주'에 대해 물어봤더니 모두들 반색하며 환영했습니다.

경쟁 비즈니스 : 빚을 내서 물건을 제조한다.
3만엔 비즈니스 : 빚을 지지 않고 물건을 제조한다.

함께 만들기

　일본 제조업의 특징 중 하나는 과도한 분업화입니다. 예를 들어 금속판을 가공하는 판금업의 경우, 금속판을 구부리는 회사, 구멍을 뚫는 회사, 용접을 하는 회사, 도장을 하는 회사가 각각 따로 있습니다. 이탈리아나 독일 등 유럽 국가와는 정반대입니다. 고도 경제 성장기에는 이런 분업화와 전문화가 대량 생산에 더 적합했겠죠.

　완성품을 생산위탁하기 위해선 중소 제조업체들을 묶어줄 필요가 있습니다. 미야자키 현의 중소 제조업체 경영자들과 간담회를 가진 적이 있습니다. 공동 위탁제조 방식에 대해 이야기했더니 모두 좋아했습니다.

　일본 중소 제조업체의 대다수는 대기업의 하청 주문을 받아 부품을 생산하는 역할을 맡아왔습니다. 제품의 최종 소비자인 사용자와 연결되는 일은 거의 없습니다. 그런데 어느 날 갑자기 발주업체인 대기업들이 생산기지를 중국으로 이전하면서 일거리가 사라지는 일이 발생했습니다. 앞으로도 이런 흐름은 계속될 것입니다.

　그렇다고 제조업체들이 당장 제조 방식을 바꿀 수도 없고, 소비자와 갑자기 가까워질 수도 없습니다. 너무 앞서가는 건지도 모르지만, 제가 제안하는 '3만엔 비즈니스'의 그룹화와 중소 제조업체의 그룹화가 일본 제조업의 부흥을 위한 작은 계기가 될 수도 있지 않을까 생각합니다.

　경쟁 비즈니스 : 경쟁하며 제작한다.

　3만엔 비즈니스 : 모두 협동해서 제작한다.

영업경비는 제로!

상품의 제조원가와 기타 경비에 이익을 얹으면 판매가격이 됩니다. 판매가격 상승의 원인 중 하나가 과다한 영업경비입니다. 신축 분양주택의 경우 일본이 미국보다 가격이 두 배 가량 높은데, 영업경비가 주택가격의 1/3을 차지하기 때문이라고 합니다.

가전제품도 제조원가는 소매가의 20% 안팎이고 나머지 80% 중 반 이상이 유통경비를 포함한 영업경비입니다. 가구는 가구점 매입가가 소매가의 30% 정도이므로 영업경비가 무려 70%인 셈입니다. 넓은 매장을 유지해야 하는데다 재고 물량도 많기 때문입니다. 인터넷 쇼핑으로 싸게 팔 수 있는 건 이런 경비가 들지 않아서입니다.

경제가 고도로 성장하던 시기에는 영업경비가 좀 들고 가격이 비싸도 소비자들이 잘 사주었습니다. 이렇게 부풀려진 가격이 GDP수치라는 결과로 나타났다고 볼 수도 있습니다. '3만엔 비즈니스'는 이런 영업경비가 들지 않습니다.

경쟁 비즈니스 : 과도한 영업경비가 든다.
3만엔 비즈니스 : 영업경비는 제로!

친구의 도움받기

　영업경비를 없애려면 유통경비를 최소화해야 합니다. 판매 대리점을 두지 말고 장거리 운송도 피해야 합니다. 광고나 선전은 상상도 못합니다. 그래도 상품의 존재와 가치를 알리는 일은 꼭 필요합니다.
　결국 친구나 지인을 통한 입선전이 유일한 방법입니다. 먼저 친구에게 상품을 최대한 '객관적'으로 설명하고 '우정'이 아니라 '품질'로 승부해서 공감을 얻어내어야 합니다. 친구 100명 중 20명 정도가 사용해보고 정말 좋다는 판단이 들도록 했다면, 이 20명에게 10명씩의 고객을 소개하도록 부탁합니다. 그렇게 소개해준다고 따로 사례할 수는 없습니다. 그저 고마운 마음뿐이죠. 혹시라도 소개비를 주고받으면 절대로 오래 가지 못합니다.
　아무튼 이렇게 해서 200명의 고객이 생겼습니다. 이중 40명 정도가 상품의 가치에 정말로 감동했다고 칩시다. 그럼 처음 20명까지 해서 모두 60명의 좋은 친구가 생긴 셈입니다.
　경쟁 비즈니스에서는 고객은 기업에 이익을 가져다주는 존재일 뿐입니다. 그래서 '고객은 왕'이며 '고객은 하느님'이라고 떠받듭니다. 물론 겉으로만 그러는 거지만. 이런 관계에서 물건을 파는 사람은 왠지 아랫사람처럼 느껴집니다. 그러나 '3만엔 비즈니스'는 동등한 파트너이자 친구를 만드는 과정입니다. 어깨를 펴고 당당히 일할 수 있습니다.

　　경쟁 비즈니스 : 돈을 들여 광고해야 한다.
　　3만엔 비즈니스 : 입소문을 해주는 친구가 늘어난다.

사회참여 활동과 3만엔 비즈니스

일과 취미생활과 사회참여 활동이 전부 따로따로인 게 경쟁 비즈니스에 종사하는 이들의 모습입니다. 그 중에서도 사회참여 활동 비중이 가장 낮습니다. 그럴 시간 있으면 한 푼이라도 더 벌거나, 취미생활을 하면서 스트레스를 풀고 싶다는 게 그들의 솔직한 심정일 겁니다.

'3만엔 비즈니스'에 종사하는 사람들은 이 세 가지가 자연스럽게 조화될 수 있도록 합니다. 사회참여 활동의 비중이 다른 요소에 비해서 낮게 책정되지도 않습니다. 곤란에 처한 사람들을 돕고자 하는 게 '3만엔 비즈니스'의 정신이므로 갈수록 친구가 늘어나게 됩니다. 이런 사람들이 주위에 많아질수록 사업은 번창합니다.

경쟁 비즈니스 : 사회참여 활동과 분리된다.
3만엔 비즈니스 : 사회참여 활동과 연계된다.

생태마을과 3만엔 비즈니스

요즘 생태마을이 조용한 붐을 일으키고 있습니다. 전 세계에 1만 5,000개 정도 있다고 합니다. 사람들 사이에 글로벌라이제이션에 대한 거부감이 점차 확산되고 있기는 하지만, 대안으로써의 로컬라이제이션이 대세가 되어간다고 보기도 어렵습니다. 어쨌든 이런 움직임 중 작지만 적극적인 노력의 결실이 생태마을이라고 생각합니다. 작은 범위라도 좋으니 공생 사회를 실천해보자는 의도가 반영되어 있기 때문입니다.

'트랜지션 타운'이라는 기존의 거주지 운동도 활발하게 일어나고 있습니다. 트랜지션 타운은 시민의 창의적 사고와 자발적 참여를 바탕으로 지역자원을 최대한 활용하여 탈 석유문명 사회를 목표로 하는 지역 풀뿌리 운동입니다. 2005년 가을 로브 홉킨스가 영국 남부 데본 주의 작은 마을 토트네스에서 시작하여 3년 만에 유럽 각국과 북미, 오세아니아, 일본 등으로 확산되었습니다.

일본에서는 '트랜지션 타운 하야마'가 좋은 예입니다. 가나가와 현 하야마의 주민 300여 명이 공동으로 텃밭 가꾸기와 음식물쓰레기 퇴비화 하기 등 여러 가지 생태 활동을 하고 있습니다. 생태마을과 트랜지션 타운은 앞으로 더욱 늘어날 것으로 보입니다.

생태마을은 자급자족을 추구하므로 돈이 그다지 필요하지 않습니다. 자급자족 활동 자체가 함께 즐기는 공동 생산 작업이므로 별도의 오락이 필요하지도 않습니다. 수입이 많지 않아도 충분히 생활이 가능하겠죠. 이웃끼리 사이도 좋을 수밖에 없습니다. 좋은 일만 하면서 살기, '3만엔 비즈니스'와 아주 잘 어울리는 삶의 방식입니다.

즐겁게 일하면서 돈도 벌 수 있는 일거리가 없는 생태마을은 노인과 부자들의 별장촌이나 실버요양원으로 변할 염려가 있습니다. 돈이 없는 젊은이들은 생태마을에서 완전히 자급자족하는 게 불가능하니까요. 아무리 자급자족력을 높인다고 해도 의료비, 통신비, 교육비 등 일정한 돈은 필요합니다. 돈을 전혀 벌지 않아도 살 수 있는 사람들은 저축이나 연금이 충분한 사람들뿐입니다.

어느 정도 즐겁게 일하면서 돈벌이가 가능하다면, 생태마을에 젊은이나 여유가 많지 않은 사람도 모여들게 됩니다. 그래서 제가 제안하는 게 생태마을에서 '3만엔 비즈니스'를 창안하여 '바깥세상'으로부터 돈을 조금씩 벌어들이는 겁니다.

생태마을끼리 네트워크를 구성하여 각 마을마다 '3만엔 비즈니스'를 하는 사람들이 협조 체계를 구축하는 것도 이상적인 방법입니다. 앞에서 이야기했듯이 공동 위탁제조도 가능합니다.

경쟁 비즈니스 : 생태마을과 무관하다.

3만엔 비즈니스 : 생태마을과 궁합이 잘 맞는다.

워크숍 열기

'3만엔 비즈니스'는 워크숍 형태로도 진행됩니다. 워크숍을 통해 함께 물건을 만들 수 있습니다. 스트로베일 하우스 만들기 워크숍이라든가, 트리하우스 만들기 워크숍, 바이오 화장실 만들기 워크숍, 벽돌 오븐 만들기 워크숍 등을 할 수 있습니다. '비전력공방'에서도 이런 워크숍을 200회 이상 했습니다.

늘 느끼는 거지만, 참가자 모두 즐겁게 작업에 참여하고 나중에는 좋은 친구가 됩니다. 손익을 따질 일이 없고 사회적 지위나 학벌로 우쭐댈 필요도 없이 공동 작업을 하니 즐거울 수밖에요. 게다가 땀 흘린 결과로 멋진 작품까지 탄생하는데 사이가 좋아지지 않으면 오히려 이상한 거지요.

이렇게 서로 힘을 모아서 직접 만드는 게 돈 주고 사는 것보다 좋지 않을 리가 없습니다. 훌륭한 장소, 도구, 재료와 교재, 그리고 선생님만 있으면 워크숍 진행은 문제가 없습니다. 물론 워크숍 참가는 유료이지만 월 3만엔 이상은 벌어들이지 않도록 합니다.

워크숍에서 가장 중요한 건 '즐거움'입니다. "품질 좋은 물건만 만들면 됐지 뭘." 이런 식의 사고방식은 곤란합니다. 무엇보다도 즐겁게 일할 수 있는 분위기 조성에 각별히 신경을 써야 합니다.

경쟁 비즈니스 : 돈 버는 게 중요하다.
3만엔 비즈니스 : '즐거움'이 중요하다.

지역통화와 3만엔 비즈니스

최근 들어 지역통화를 사용하는 공동체가 꽤 늘어났습니다. 일본에만 630종의 지역통화가 있다고 합니다.

제 주변에도 지역통화 운동을 하는 사람들이 제법 있습니다. '부자와 나쁜 사람들이 찍어내고 유통하는 돈'이 아니라 '착한 사람들이 착한 일을 하면서 창출해내는 돈'이 지역통화의 기본정신입니다.

엄밀히 말하자면 지역통화는 수단에 불과하고, 착한 일거리와 친밀한 인간관계를 바탕으로 한 공동체를 만드는 게 최종 목적입니다. 수단과 목적이 뒤바뀌면 절대로 성공할 수 없습니다.

'3만엔 비즈니스'로 일자리를 창출하고 지역통화로 이어질 수 있다면 더할 나위 없이 좋겠지요.

경쟁 비즈니스 : 지역통화와 어울리지 않는다.
3만엔 비즈니스 : 지역통화와 궁합이 잘 맞는다.

NPO와 3만엔 비즈니스

일본 전국에 공인된 'NPO_{Non-Profitable Organization}, 비영리 공익단체'가 3만2,000개나 됩니다. 공익을 우선하는 단체가 이만큼 된다는 건, 사적인 이익을 추구하는 자본주의의 현실에 염증을 느끼는 사람들이 그만큼 많다는 뜻이겠죠. NPO끼리 서로 협력하면서 네트워크를 형성하고 활동 범위를 넓혀 나가는 걸 보면 참 희망적입니다.

NPO가 증가하면서 1세대 NPO가 2세대로 질적 진화를 하는 모습을 기대해봅니다. 1세대는 재정을 자원봉사 활동과 기부금이나 보조금 등에 의존해왔기 때문에 활동에 제약이 적지 않았습니다.

2세대 NPO는 자체 재정으로 스태프들의 생계가 가능해져서 우수한 인력들이 부업에 시간을 뺏기지 않고 본업에만 전념할 수 있기를 바랍니다. 물론 자원봉사 활동과 기부금이나 보조금도 여전히 필요하고 공익을 우선시 하는 것은 마찬가지입니다.

미국은 전체 노동인구의 10%가 NPO에서 일한다고 합니다. 일본은 0.1%나 될까 모르겠군요. 최소한 미국 수준까지 올라갔으면 합니다.

NPO는 돈 버는 일이 좀 서툴긴 합니다. 착한 사람들이 착한 일을 열심히 하는 것이니까요. '3만엔 비즈니스'와는 딱 어울리죠. NPO가 '3만엔 비즈니스'로 수익을 창출하면 좋겠습니다.

경쟁 비즈니스 : NPO와 어울리지 않는다.

3만엔 비즈니스 : NPO와 궁합이 잘 맞는다.

일자리를 창출하는 3만엔 비즈니스

강연회에서 '3만엔 비즈니스'에 대해 이야기하면 어떤 분들은 "그러다가 나라 경제가 위축되면 어쩔 텐가?"라며 저를 꾸짖습니다. 정말 그럴까요? 일본의 경우를 예로 들면, '3만엔 비즈니스'를 다섯 가지 하는 사람이 20만 명 정도라면 연간 수입 총액은 3,600억엔입니다. '3만엔 비즈니스'가 기존의 비즈니스를 잠식한다고 해도, 영업경비를 사용하지 않으므로 절반만 잡으면 GDP 감소분은 1,800억엔입니다. 일본의 2011년 GDP가 약 500조엔이므로 0.04%에 불과합니다. 오히려 20만 명이나 일자리를 얻었으므로 기뻐해야 할 일이죠. '3만엔 비즈니스'가 기존의 비즈니스를 잠식한다고 보기도 힘듭니다. 오히려 '블루오션'을 개척하여 새로운 비즈니스를 창출하는 경우가 적지 않겠죠. 만일 절반만 새로운 비즈니스라고 해도 위의 수치를 대입하면 기존 비즈니스의 감소액은 900억엔 정도입니다. 대신 1,800억엔이 새롭게 창출되므로 GDP는 900억엔 증가하는 셈입니다. 국가 경제의 측면에서 보면 그렇게 우려할만한 수치가 아니고 부정적인 면보다는 긍정적인 면이 훨씬 큰 셈입니다.

참고로 2010년 9월 8일 일본 국회는 고용대책을 위해 예비비에 9,150억엔을 투입하여 9조 8,000억엔 규모의 사업을 펼치기로 결정했습니다. 이렇게 해서 창출되는 일자리가 20만 개라네요.

경쟁 비즈니스 : 경제 성장만을 목표로 한다.
3만엔 비즈니스 : 경제 규모를 줄여나간다.

카피 레프트, 마음껏 베끼기

일본의 유명 작곡가 사카모토 류이치 씨에게서 카피 레프트에 관한 이야기를 들은 적이 있습니다. 사카모토 씨는 사랑과 평화가 음악의 영원한 주제라고 생각하는데, 음악계에서는 저작권을 둘러싸고 온갖 추잡한 일들이 벌어진다고 하더군요. 그래서 사카모토 씨를 포함한 세계적인 음악가들은 '카피 레프트'라는 개념을 제안하고 있다는 겁니다.

자신들의 작품을 '카피 라이트'와 '카피 레프트'로 나누었는데, "우리도 먹고 살아야 하니 이 정도는 베끼지 말고 돈 내고 사주시오." 이렇게 정한 게 '카피 라이트' 즉 저작권이고, "이건 마음껏 베껴도 좋소."라고 한 것들은 '카피 레프트'로 부른다는 겁니다.

그분들은 '크리에이티브 커먼즈'도 제안하고 있습니다. 크리에이티브 커먼즈는 "베끼기만 할 게 아니라 스스로의 재주를 더해 재창조해서 발표해보자. 그렇게 하면 많은 사람들의 공동작업 결과물을 얻을 수 있다. 그러한 모든 결과물은 '카피 레프트'로 남게 된다."는 생각입니다. 그렇게 하면 지금까지 없었던 새로운 음악이 생겨나겠죠. 세상 여기저기에 사랑과 평화가 '도는' 게 느껴지나요? 이것이야말로 인터넷 시대의 새로운 창작문화입니다.

사카모토 씨로부터 그 이야기를 듣고 영감을 얻어서 제 생각도 이야기했습니다. "나도 발명가 중에서는 원로급인데, 발명도 '카피 레프트'가 있으면 좋겠습니다." 잘하면 사랑과 평화의 정신을 구현한 발명품이 곧 태어날 수도 있겠습니다.

'3만엔 비즈니스'의 세계에서도 '카피 레프트'와 '크리에이티브 커먼즈 creative commons, 창작물에 대한 일정 권리를 유지하는 범위에서 다른 사람들이 창작물을 변형하고 이용할 수 있도록 하는 열린 저작권 개념'의 사고방식을 실천할 수 있습니다. 누군가 '3만엔 비즈니스'를 한 가지 생각해서 발표합니다. 그리고 말합니다. "누구든 카피해도 좋습니다." 다른 사람이 그것에서 힌트를 얻어 또 다른 '3만엔 비즈니스'를 생각해내거나 실천한 경험을 발표합니다. "이 비즈니스의 핵심은 이것입니다. 다함께 해봅시다." 사랑과 평화가 가득한 비즈니스가 여기저기서 마구 돋아날지도 모르겠습니다.

경쟁 비즈니스 : 카피 라이트
3만엔 비즈니스 : 카피 레프트

지출의 법칙: 왜 '3만엔'인가?

'3만엔 비즈니스'는 한 달에 '3만엔×비즈니스 아이템 개수'만큼의 수입을 벌어들이면 된다는 '스몰 비즈니스' 방법론을 제시하려고 만든 게 아닙니다. 전제가 되는 '3만엔 비즈니스'의 중요한 원칙을 상기시켜 드릴게요. '3만엔 비즈니스'는 한 아이템에 들이는 시간이 한 달에 이틀16~20시간 정도를 넘기지 않아야 합니다. 열 가지 아이템을 취한다면 한 달에 20일을 일하고 30만엔을 벌 수 있겠죠. 어때요, 이상적으로 들리나요?

그런데 제가 권고하고 싶은 것은 열 개의 아이템이 아니라 그보다 훨씬 적은 수의 비즈니스를 하는 것입니다. 그래서 단순한 '스몰 비즈니스' 방법론이 아니라는 겁니다. '가난의 행복론'을 설파하는 거냐고요? 맞는 말이기도 하고 틀린 말이기도 합니다.

'3만엔 비즈니스'의 밑바탕엔 '에너지와 돈에 의존하지 않는 풍요로움', 즉 '자급자족 생활'이 전제되어 있습니다. 어떤 이들은 이런 생활을 '가난과 불편함'으로 느낄 수도 있고, 어떤 이들은 '독립적인 인간만이 느낄 수 있는 자존감을 통해서 얻는 더 큰 풍요로움'으로 받아들일 수도 있습니다. 오해를 피하기 위해 다시 말씀드리자면, 제가 제시하는 방법론은 '상상하시는 것처럼 구질구질한 가난'과는 거리가 멉답니다. 왜냐하면, 돈을 벌어들이는데 사용하는 시간을 줄여서 남는 시간에 자급률을 높이니까 자연히 지출이 줄어들어 궁핍하다고 느낄 이유가 없으며, 남는 시간을 문화 활동에 사용하거나 지성을 갈고 닦는데 사용하여 정신적으로 윤택하고 나아가 물질적으로도 윤택한 생활을 누릴 수 있기 때문입니다.

정신적 윤택함은 알겠는데 물질적 윤택함은 무슨 얘기냐고요? 문화적 감각을 갈고 닦으면, 우리 스스로 짓는 집이나 재배해 먹는 음식도 돈을 많이 들이는 것 못지않게 훌륭하게 만들 수 있습니다. 무엇보다도 이런 자급 활동은 정다운 사람들과 함께하기 때문에 아주 즐겁답니다. 즐겁게 자급 활동을 하는 것보다 좋은 오락이 없는데 유흥비를 지출할 일도 없겠죠?

서론이 길었습니다만, 여기에서는 몇 가지 중요한 이야기를 '지출의 법칙'이라는 제목으로 소개드리려고 합니다. 세 가지 이유 때문에 자세히 들여다보셔야 합니다.

첫째, '월 3만엔'이라는 금액이 어떻게 나왔는지 힌트가 되는 내용이 담겨 있습니다. 저는 일본의 경우에 맞추어 '월 3만엔'이라는 금액을 생각해냈는데, 한국에서는 한국 실정에 맞는 금액을 도출해내야 하겠죠. 이 금액은 단순히 시장 환율을 적용해서 얻어내는 게 아니랍니다. 제 모델을 잘 살펴보시고 한국의 친구 분들이 머리를 맞대어 한국 실정에 맞는 금액을 도출해보면 어떨까 합니다.

둘째, 제가 생각하는 바람직한 '3만엔 비즈니스'의 아이템 개수를 가구 형태별, 거주지별로 제시하고 있습니다.

셋째, 왜 제가 제시하는 아이템 개수가 바람직하다고 생각하는지 '자급률과 지출'의 법칙으로 설명하고 있습니다.

이 세 가지 사항을 염두에 두고 잘 살펴보세요. 수치가 많이 나와서 좀 골치가 아프실 수도 있을 겁니다.

〈표1〉은 일본 가구형태별 거주지별 월 소득 수준의 범위입니다. 어떤

수준이냐면, 적은 쪽은 '아, 나는 왜 이리 돈이 없을까?'라고 느낄 정도이고, 많은 쪽은 '뭐 이 정도면 꽤 먹고 살만해. 나는 잘 사는 편이야.'라고 느낄 정도입니다. 여기서 극빈층이나 상위 몇 % 수준의 상류층은 고려하지 않습니다. 현대인의 이러한 생활 형태를 '의존형 라이프스타일'이라고 부르기로 합시다. 돈과, 돈으로 모든 걸 구매할 수 있는 시장 및 경제 시스템에 과도하게 의존한다는 의미에서 그렇게 명명해보았습니다.

가구형태	도시 거주민	지방(시골) 거주민
독신	¥150,000~300,000	¥100,000~200,000
아이가 없는 부부	¥200,000~400,000	¥150,000~300,000
두 아이를 가진 부부	¥250,000~500,000	¥200,000~400,000

〈표1〉 가구형태, 거주지별 소득수준

그럼 각각의 경우에 따라 제가 권고하는 '3만엔 비즈니스'의 아이템 개수와 소득 수준을 제시해보겠습니다.

가구형태	도시 거주민 (아이템 개수×3만엔)	지방(시골) 거주민 (아이템 개수×3만엔)
독신	4×3만엔=¥120,000	3×3만엔=¥90,000
아이가 없는 부부	4×3만엔×1.5=¥180,000	3×3만엔×1.5=¥135,000
두 아이를 가진 부부	5×3만엔×1.5=¥225,000	4×3만엔×1.5=¥180,000

〈표2〉 가구형태, 거주지별 적정 3만엔 비즈니스

참고로 말씀드리자면, 부부의 경우 둘이 함께 일하므로 1.5를 곱했습니다. 산술적으로 두 배가 되면 좋겠지만 현실에서는 두 사람이 일한다고 생산량이나 판매량이 두 배가 되지는 않거든요. 두 사람이 같이 산다고 지출이 두 배가 되는 것도 아니니까 큰 문제는 없을 겁니다.

자, 어떠세요? 여러분의 실망스런 표정이 눈에 선하군요. 제시된 금액 모두 '나는 너무 너무 가난해.'라고 생각하는 금액보다도 적으니까 당연한 반응이겠지요. 그러나 아직 실망하기에는 이릅니다. 이제부터 '자급자족'의 마술을 보여드리겠습니다.

이 마술은 전제가 있는데, 자급률 75% 달성입니다. 자급률 75%가 달성되었을 때 어떤 삶과 소득 수준이 가능한지 한번 살펴봐주세요. 〈표3〉의 내용은 '자급자족을 실현한 독립형 라이프스타일'이라고 부르기로 하겠습니다.

가구형태	도시 거주민 (아이템 개수×3만엔)	지방(시골) 거주민 (아이템 개수×3만엔)
독신	4×3만엔=￥120,000 →￥250,000 한 달 22일 휴일(주 2일제)	3×3만엔=￥90,000 →￥190,000 한 달 24일 휴일(주 1.5일제)
아이가 없는 부부	4×3만엔×1.5=￥180,000 →￥380,000 한 달 22일 휴일(주 2일제)	3×3만엔×1.5=￥135,000 →￥280,000 한 달 24일 휴일(주 1.5일제)
두 아이를 가진 부부	5×3만엔×1.5=￥225,000 →￥470,000 한 달 20일 휴일(주 2.5일제)	4×3만엔×1.5=￥180,000 →￥380,000 한 달 22일 휴일(주 2일제)

〈표3〉 가구형태, 거주지별 소득수준

놀랍지 않습니까? 자급률 75%를 달성했다고 가정하면, '3만엔 비즈니스'를 3~5개 정도 해서 벌어들이는 수입이 '이 정도면 먹고 살만해. 나는 부유한 편이야.'라고 생각하는 수준의 수입으로 변하게 됩니다. 이 무슨 궤변이냐고요? 쉽게 설명하면 이렇습니다. '3만엔 비즈니스'를 3~5개 한다는 건 한 달에 6~10일만 일한다는 뜻이며, 결국 한 달에 20~24일은 노는 날이라는 이야기입니다. 노는 날에는 '자급자족' 활동을 하게 됩니다. 그러면 자연히 지출이 줄어들고 그만큼 수입은 늘어나는 셈입니다. 물론 현금 수입이 늘어난다는 게 아니라 자급도를 고려한 생활수준이 그만큼 높아진다는 뜻입니다.

이 내용을 정리해서 '지출의 법칙'이라고 이름 붙여봤습니다.

▶ 법칙 1 '의존형 라이프스타일'은 지출이 많다.

'법칙 1'은 별도의 설명이 필요없겠지요.

▶ 법칙 2 자급률과 지출은 반비례한다.
· 자급률을 높이기 위해 노력한다.
· 자급률 목표는 자급하지 않을 경우의 지출을 기준으로 75%로 맞춘다.
즉, 소비형 지출은 25%로 줄어든다.

제가 일본의 나스에서 운영하는 '비전력공방'은 자급자족 생활을 실험하는 작업장이자 저희 가족의 생활터전이며 이를 일반인에게 견학 형태로 공개하는 작은 테마파크입니다. 아직 제 머릿속에 그리고 있는 목표의 30% 수준밖에 도달하지 못했지만, 제 경험에 비추어 보면 최종적으로는 자급률 75%를 달성할 수 있다고 생각합니다. 자급률 75%라는 수치는 '의존형 라이프스타일'의 지출금액 기준입니다. 다시 말해 '의존형 라이프스타일'을 유지하면서 한 달에 20만엔을 쓰던 사람이라면, 자급을 통해 15만엔을 아낄 수 있고 소비형 지출은 5만엔밖에 하지 않는다는 뜻입니다.

여기서 잊지 말아야 할 점은 전체 지출이 5만엔으로 줄어드는 건 아니라는 것입니다. 왜냐하면, 자급 활동을 위해서 추가 비용이 들기 때문입니다.

▶ 전체지출 = 소비형 지출 + 자급 활동을 위한 비용 지출

슈퍼마켓에서 사먹던 채소를 직접 재배한다면, 채소 사는 돈은 들지 않지만 씨앗과 비료와 농기구를 구입하는 자급비용이 들게 됩니다.

▶ 법칙 3 자급자족 활동의 비용이 높으면 지출은 줄어들지 않는다.
  · 자급자족 활동의 비용을 낮추기 위해 노력한다.
  · 목표는 같은 제품이나 서비스를 시장에서 구입하는 가격의 30% 수준으로 맞춘다.

'법칙 3'은 대단히 중요합니다. 슈퍼마켓에서 100엔에 살 수 있던 채소를 재배하는데 같은 100엔이 들거나 그보다 비싼 120엔이 든다면, 이것은 '자급자족 활동'이 아니라 '취미 활동'이 됩니다. 실제로 도시민들의 레저에 가까운 DIY 활동의 상당수는 이런 경우에 해당합니다. 이렇게 되면 지출은 줄어들기는커녕 오히려 늘어날 수밖에 없습니다. '비전력공방'과 제 경험에 비추어 보건데 자급자족 비용은 시장에서 구매하는 가격의 30% 수준까지 낮추는 걸 목표로 삼아야 합니다.

▶ 법칙 4 휴일과 지출은 반비례한다.
  · '의존형 라이프스타일'은 휴일이 많을수록 지출이 늘어난다.

· '자급자족형 라이프스타일'은 휴일이 많을수록 지출이 줄어든다.

· 휴일을 늘리도록 노력한다.

· 목표는 주 2일제. 일주일에 최소 5일은 휴식 및 자급 활동을 한다.

'법칙 3'의 자급자족 비용에 한 가지 포함되지 않은 요소가 있습니다. 인건비입니다. 자신과 가족이 직접 시간을 들여 일하므로 따로 인건비가 들지 않습니다. 하지만 '시간'은 필요합니다. '3만엔 비즈니스'로 돈을 벌고 남은 시간은 이렇게 자급자족 활동을 하는데 사용합니다. 이런 활동을 하는데 일주일에 최소 5일을 사용하는 걸 목표로 삼습니다.

이 네 가지 법칙을 〈표4〉로 정리해보았습니다.

주 5일을 자급 활동에 할애하여 자급률 75%와 자급비용 30%를 달성하면, 소비성 지출은 25%로 줄일 수 있고 자급비용은 원래 비용 75%의 30%인 22.5%가 되며 총지출은 '의존형 라이프스타일' 지출의 47.5%가 됩니다.

▶ 소비성 지출 (25%) + 자급비용 지출 (75%×30%)

= '의존형 라이프스타일' 지출의 47.5%

지출이 이렇게 줄어든 걸 감안하여 소득을 역산하면 '자급자족형 라이프스타일'의 소득은 명목상의 소득보다 훨씬 많은 금액의 가치가 됩니다. 세 개의 '3만엔 비즈니스' 아이템으로 월 9만엔을 버는 사람은, 9만엔을 47.5%로 나눈 값인 19만엔을 벌어들이는 셈입니다. 이제 '자급자족형 라이프스타일' 소득의 비밀이 풀리셨지요. 한 달에 9만엔을 벌어서 9만엔 전부를 지출하던 '의존형 라이프스타일'의 사람이 9만엔의 47.5%만 지출한다면, 나머지 금액인 4만엔 이상은 매달 저축할 수 있다는 뜻입니다. 여

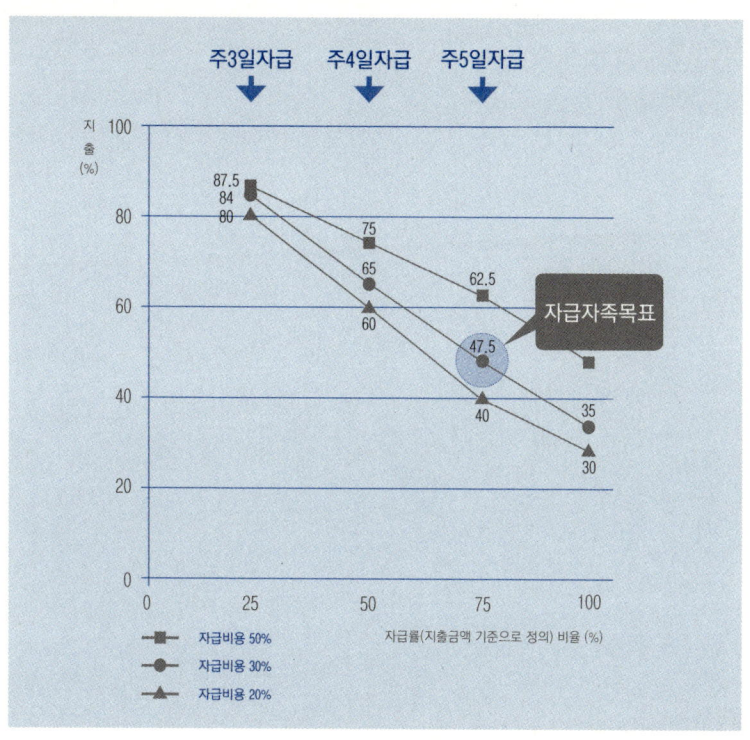

〈표4〉 자급률에 따른 지출분석

전히 꿈같은 이야기로 들리시나요?

  스스로 식량과 에너지를 생산하고 집을 짓는 자급자족 활동은 우리가 마음만 먹으면 그렇게 어려운 일이 아닙니다. 우리 조상들은 수천 년 동안 그렇게 살아왔습니다. 현대인에게는 우리 조상들이 갖지 못했던 뛰어난 과학기술이 있습니다. 그런데 유감스럽게도 그 과학기술은 인류와 자연이 지속가능한 삶을 유지할 수 없는 지경으로 문명을 이끌었습니다. 그래도 우리에게는 여전히 기회가 있다는 게 저의 소박한 믿음입니다. 우리가 기술을 지혜롭게 '적당히'만 사용한다면, 에너지와 돈에 의존하지 않고도 적절한 풍요로움을 누릴 수 있습니다.

3만엔 비즈니스, 일자리 창출하기

2부

고도 경제 성장의 대가

지난 50년 동안 일본은 기적적인 경제 성장을 이루었습니다. 지역 순환형 경제 시스템 속에서 독립성을 유지하던 지방은 고도 경제 성장을 떠받치기 위해 중앙 시스템의 하부구조로 편입되었습니다. 돈과 인력 모두 중앙에 우선적으로 집결되고 이런저런 조건이 붙은 다음 지방으로 재분배되었습니다. 결과적으로 지역 순환형 경제 시스템은 급속히 사라졌습니다.

지금 지방은 두 부류로 나뉘어져 있습니다. 날로 존재감을 잃어가면서도 어떻게든 중앙 집권 시스템 안에서의 생존을 도모하는 곳과, 자립형 및 지속형 시스템을 다시 회복하려고 하는 곳입니다.

전자는 기업과 토건사업 유치, 관광사업 및 지역 특산품 판매 촉진 등을 위해 노력하지만 대부분 좋은 결과를 얻지 못합니다. 실속 없고 단기적 이익에만 치중하는 '거품' 일으키기에 여념이 없다보니, 중앙이나 지방 모두 후유증에 몸살을 앓고 키우려는 파이는 작아지기만 합니다. 후자는 아이디어 부족, 자금 부족, 시장 부족, 인재 부족, 설비 부족, 주민 이해 부족으로 진전이 더딥니다. 어느 쪽이든 지방의 고용문제 해결은 요원하기만 한 것 같습니다.

이런 문제를 해결하려면 일본 경제 시스템이 중앙 집권 시스템에서 지방 분권형이나 지역 순환형으로 되돌아가는 것만이 정답이라고 생각합니다. 새로운 시스템 안에서만 지방에 질 높은 일자리를 만들 수 있습니다. 이러한 전환은 GDP의 감소, 이권의 상실, 일시적인 고용의 축소 등 '아픔'도 동반할 것입니다. 때문에 현재 시스템이 '막장'에 이르고 경제 파탄이 일어난 후에나 이루어지지 않을까 하는 걱정도 듭니다. 문제는 그날이 올 때까지 과도기에도 지방에서 일자리를 만들어 나갈 수 있을까 하는 것입니다. 미리 준비를 해두면 파국을 맞더라도 출구를 찾아가는 훌륭한 이정표 역할을 할 수 있습니다.

과도기에는 변화가 여러 지점에서 조금씩 다양하게 일어납니다. 이를 달리 해석하면 작지만 수많은 기회가 생긴다고 볼 수도 있습니다. 결국 장소와 테마를 폭넓게 선택하면 비즈니스 기회는 그만큼 많아집니다. 변화의 방향은 변화를 추구하는 이들에게만 보입니다. 변화의 시기에는 그 변화를 따르거나 변화를 일으키는 비즈니스가 유망하다는 걸 염두에 두시기 바랍니다.

> Check Point
> 1. 장소와 테마는 폭넓게 선택한다.
> 2. 변화를 불러 일으키는 비즈니스를 우선한다.

사람과 일 이어주기

"과도기에 지방에서 일자리를 만들려면?"

유일한 답은 '이어주기'입니다. 지금까지 따로따로 놀던 '사람'과 '물건'과 '일'을 서로 이어주어야 합니다. 지금 글로벌라이제이션은 세계 구석구석까지 손을 뻗치고 있습니다. 아무리 작은 시장이라도 틈이 보이면 절대 놓치지 않습니다.

이에 대항하는 방법이 '이어주기'입니다. '이어주기'를 지역에서 추진하면 '지역화'라고 할 수 있습니다. '지역 생산물을 지역에서 소비하자'와 같은 구호가 그런 뜻입니다. 물론 지속가능성이 담보된다면, 이러한 '이어주기'는 지역 차원을 넘어 글로벌하게 전개할 수도 있습니다. 이런 움직임은 이익을 어느 한쪽만이 독점하는 글로벌라이제이션과는 다르기 때문입니다.

 3. '이어주기'만이 답이다.

정미클럽, 쌀밥 맛나게 먹기

'생산자와 소비자 이어주기'를 하면 생산자와 소비자의 관계를 보다 밀접하게 만들 수 있습니다. 지금까지는 제조업체가 만들면 사주는 역할밖에 할 수 없던 소비자가 여러 형태로 생산에 참여할 수 있고 관계의 지속성도 생겨납니다.

'정미클럽'을 한번 시도해봤는데 참가자 모두가 좋아하더군요. 햅쌀이 나오는 시기에 나락 상태의 쌀을 농가에서 직접 구매합니다. 도정이 되지 않은 쌀은 벌레가 생기지 않고 썩지도 않습니다. 먹을 만큼만 그때그때 수동 정미기를 사용해서 백미나 현미로 만들 수 있습니다. 이렇게 하면 밥맛도 좋고 건강에도 좋은 쌀을 값싸게 공급할 수 있습니다.

쌀을 사기만 하는 게 아니라 모 심기와 벼 베기 등의 작업에 참여할 수도 있습니다. 소비자는 안심하고 먹을 수 있는 쌀을 싸게 구입하고, 농가는 소비자와 직접 연계되어 관계의 지속성을 담보할 수 있습니다. 아울러 에너지를 많이 소비하는 저온방식의 쌀 저장도 줄일 수 있습니다.

저온 저장한 쌀을 전기밥솥으로 지은 '쌀밥'이 탄생하기까지는 적지 않은 전력이 소모됩니다. 일본 인구와 끼니를 따져서 대충 계산해도 핵발전소 네 개에 해당하는 막대한 전력입니다. 조금만 생각하면 약간의 수고로 핵발전소를 없애고 건강에 좋고 맛도 좋은 쌀밥을 먹을 수 있습니다. 그러나 현실에서는 경제 살리기라는 명분 때문에 에너지 소비를 줄이는 일이 쉽지 않습니다.

쌀뿐만이 아닙니다. 우리는 지난 50년 동안 에너지를 대량으로 사용하고 환경에 부담을 주는 방식으로 성장해왔습니다. 이러한 사회 시스템을 바꾸기 위해 정치를 개혁하는 방법도 있습니다. 시민운동으로 변

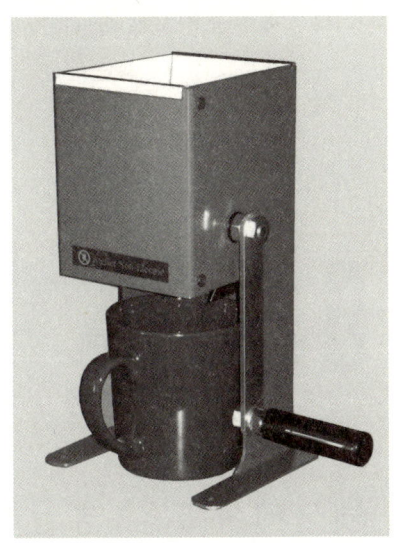

'비전력공방'에서 제작한 수동 정미기

화를 추구할 수 있습니다. 하지만 사회 전체가 복잡하게 엉켜있는 시스템이다 보니 그 어떤 것도 간단하지가 않습니다. 그래도 눈 여겨 보면 '약한 고리'를 발견할지도 모릅니다. 그곳에서부터 사회 시스템을 조금씩 변화할 수 있을지도 모릅니다. 수동 정미기가 그런 예입니다.

유기농 커피 제대로 즐기기

'비전력공방'에서 만든 '핸드 커피 로스터기'는 지금까지 9,000대 가까이 팔렸습니다. 별거 아닌 것 같은 물건이지만, 커피 애호가들에게는 큰 인기랍니다.

커피는 생두 상태에선 몇 년이 지나도 알칼리성을 유지합니다. 하지만 로스팅과 동시에 산화가 시작되면서 '불량식품'이 됩니다. 앞에 소개한

'정미클럽'처럼 소비자와 생산자가 직접 연결되거나, 최소한의 유통 과정을 통해 생두를 값싸게 구매하여 마실 만큼만 로스팅하고 바로 갈아서 바로 내리고 바로 마신다면 건강에도 좋고 맛난 커피도 즐길 수 있습니다. 이를 위해 필요한 도구가 '핸드 커피 로스터기'입니다. '약한 고리'의 재미난 예이지요.

> Check Point
> 4. 생산자와 소비자의 연계를 생각한다.
> 5. '약한 고리'를 찾는다.

뒷산에서 땔감 공급하기

예전의 시골 뒷산은 땔감으로 사용하려고 인공 조림한 곳이 많았습니다. 지금은 그런 일을 하지 않아서 땔감용 뒷산은 점점 사라지고 있죠. 이런 땔감용 동네 뒷산을 다시 만들면 어떨까 합니다.

6년 정도 조림을 하면 땔감으로 쓸 만한 나무로 자랍니다. 엔진톱으로 벌채하면 간단하게 땔감을 만들 수 있습니다. 장작 스토브를 사용하는 사람들은 잡목림을 소유한 지주와 함께 간벌을 하고 장작을 만들어서 집으로 가져갑니다.

NPO에서 일하는 젊은이들이 직접 땔감을 만들어 판매할 수도 있습니다. 벌채한 후엔 반드시 나무를 심어서 지속가능한 숲을 만들어줍니다. 땔감은 등유보다 저렴하고 고용도 창출합니다. NPO에 수익이 생기는 것도 좋은 일입니다. '에코 산타'라는 NPO를 운영하는 젊은이들이 '비전력공방'이 있는 나스에서 실제로 이런 일을 하고 있어서 저도 가끔 조언해주곤 합니다.

일본 전국에 적절한 간벌이 이루어지는 삼림은 5%에 지나지 않습니다.

간벌재 이용률도 10%에 불과합니다. 경제성이 낮기 때문이라고는 하지만, 약한 고리를 찾다 보면 답이 나올 수도 있습니다. 산과 숲이 많은 일본이므로 임업과 관련한 약한 고리가 적지 않을 터입니다.

내 손으로 집짓기

내가 살 집은 내 손으로 짓고 싶다는 사람들이 점점 늘고 있습니다. 혼자서 모든 걸 다 할 수 있는 사람도 있겠지만, 대부분 목수와 같은 전문가의 도움이 필요합니다. 멀리 떨어진 곳에 사는 친구들이 와서 일정기간 함께 일해 주는 경우도 있습니다. 옛날에는 누구나 이렇게 집을 지었죠. 차이가 있다면 옛날에는 이웃들이 도움을 주었고, 지금은 집짓기 동호회에 소속된 사람들이 먼 길을 마다 않고 찾아온다는 점입니다. 이러다 보면 자연히 우정도 쌓이게 되죠. 공감이 먼저고 우정은 자연스럽게 따라옵니다. SNS나 이메일과 같은 IT혁명이 가져다준 혜택이지요.

> **Check Point**
> 6. 글로벌 공감 먼저, 로컬 우정은 그 다음

지방에 B&B를 반 셀프로 짓는 것도 생각해볼 수 있습니다. B&B는 Bed&Breakfast의 줄임말로 숙박과 아침식사를 제공하는 곳입니다. 설계나 미장 등 전문적인 부분은 시간 여유가 있는 전문가에게 잠시 도움을 얻는 정도로 합니다. 수고비는 개업 후에 숙박료 수입이 생기면 지불합니다. 목수들도 일거리가 없을 때 추가 수입이 생기는 셈이므로 나쁠 것 없으며, 건축주는 초기 투자를 적게 하고도 개업이 가능합니다.

고도 경제 성장기에는 모두가 바빴지만, 지금은 지방에 한가한 사람들이 넘쳐 납니다. 그러므로 '인건비'라는 것에 대해 다시 생각해볼 필요가 있습니다. 어차피 일거리가 없으므로 적은 수입이라도 도움이 됩니다. '티끌 모아 태산'이라는 말도 있듯이 적은 수입이 쌓이면 썩 괜찮을 수도 있습니다. 즐겁게 놀이를 하듯 일할 수 있다면 더할 나위 없습니다.

전문가를 한가할 때 부르려면 프로젝트 기간을 여유 있게 잡는 게 좋습니다. 즉, 느리게 일을 진행하는 게 중요합니다. 천천히 일하려면 지출이 적어야 하고 빚을 내서는 안 됩니다. 나가는 돈이 많거나 빚을 지고 있으면 마음이 급해지기 때문입니다.

> **Check Point**
> 7. 일은 천천히 진행하고 시간 여유가 있는 전문가를 활용한다.

판매자와 소비자 이어주기

판매자와 소비자 사이도 보다 긴밀하게 이어줍니다. '고객은 왕, 고객은 하느님'이라고 흔히들 말하지요. 그보다는 고객이 친구가 되고, 그 친구가 다른 친구를 고객으로 소개하는 인연을 만들면 좋습니다.

'이벤트 카페'라는 게 있습니다. 분위기 좋고 재미있는 이벤트를 여는 카페의 단골 고객은 어느 날 친구도 데리고 옵니다. 그 카페가 마음에 들면 그 친구도 단골이 되겠죠.

도쿄에는 '카페 슬로우'가 있습니다. '슬로우 라이프'와 '슬로우 푸드'로 대표되는 '슬로우 문화'를 전파하면서 꽤 유명해진 카페입니다. 거의 매주 열리는 각종 전시회, 토크 콘서트, 캔들 나이트 연주회 등 다채로운 행사가 인기를 끌고 있습니다. 많이 모일 때는 100여 명이나 됩니다. 이벤트는 늘 성황이고 카페 수입도 짭짤합니다.

> Check Point
> 8. 판매자와 소비자를 묶어준다.

도쿄 고쿠분지의 카페 슬로우

생산자와 소비자 이어주기

'대지를 보호하는 모임'은 생산자와 소비자를 이어주는 활동을 하는 곳입니다. 안전한 먹을거리를 찾는 소비자를 유기농 생산자와 연결해주는 역할을 하는 이 단체는 1975년부터 활동을 시작하여 30년이 넘는 역사를 자랑합니다. 회원도 15만 명이나 됩니다. 일본 유기농업 발전의 최대 공헌자라고 할 수 있습니다.

> Check Point
> 9. 생산자와 소비자를 이어준다.

겸업화 하기

지역에서 '겸업화'를 촉진했으면 합니다. 본업과 부업 개념이 아니라, 복수의 본업을 함께 한다는 의미의 겸업입니다. 앞에서 소개한 '3만엔 비즈니스'를 열 가지 하는 것도 이런 겸업입니다. 문명의 전환기에는 겸업화가 고도로 발전합니다.

문명의 전성기에는 분업화가 대세입니다. 가치관, 사회 시스템, 문화 등의 틀이 이미 정해져 있기 때문입니다. 신분과 수입도 안정되어 있습니다. 변화가 필요없는 사회인 거죠. 이럴 때는 분업화할수록 효율이 높고 일하기도 편합니다. 시스템에 대한 의존도가 높아지고 경제 규모도 성장일변도입니다. 정치나 학문, 때로는 예술도 이런 흐름을 따릅니다.

하지만 어떤 분야든 지나친 분업화는 창조성을 떨어뜨리고 '재미'를 죽입니다. 일본도 고도 경제 성장기에 이런 흐름을 열심히 좇아왔습니다.

건축을 예로 들어봅시다. 집이나 빌딩을 빨리 짓는 게 중요하다 보니 창의성이나 개성을 갖춘 인재보다는 대량 생산에 능숙한 건축가들이 양산됐습니다. 남들이 만든 가이드라인과 매뉴얼을 잘 따라하는 '복제 기술'을 갖춘 사람은 많아도, 새로운 가치를 창출하고 이를 현실화하는 '고차원의 개념화 기술'을 갖춘 사람은 찾아보기 힘든 실정입니다. 이런 구태의연한 '인재'들은 변화의 시대에는 별로 '쓸모'가 없습니다.

> **Check Point**
> 10. 겸업화를 한다.

두 마리 토끼 쫓기

'카페를 경영하면서 다른 일을 한다.' 말 그대로 '투잡two job'족인 셈이지요. 당연히 두 마리 토끼를 쫓다가 둘 다 놓치면 안 되겠죠. 카페와 '다른 일'이 서로 도움을 줄 수 있어야 합니다. 이벤트를 연계한 카페가 그 예입니다.

'카페와 허브약초농원'에서는 맛있는 허브티와 허브가 들어간 주스, 유기농 커피, 맛있는 허브 케이크 등을 판매합니다. 허브향이 은은하게 퍼지는 예쁜 분위기의 카페에 앉아 차를 마시는 상상을 해보세요. 스트레스가 저절로 해소되겠지요. 허브 농원에서는 허브나 허브비누 같은 가공품 제조와 판매도 수익 모델로 삼습니다. 주 사업은 동호인들과 함께 허브를 공부하고 키우는 워크숍으로 하면 어떨까 합니다.

이때 '허브 방향제 만들기 워크숍' 같은 단조로운 행사보다는, 북미 인디언들의 환자 치료 의식처럼 허브약초 치료요법에 간단한 의식을 가미해서 행하는 문화적 맥락이 풍부한 워크숍이 더 매력적입니다. 카페 손님이 워크숍에 참가하기도 하고, 워크숍 참가자가 카페 단골이 되기도 합니다.

행사 관련 정보를 공유하기 위해 인터넷도 활용합니다. 비즈니스가 더욱 다양해지고 매출도 올라갑니다. 전국적으로 지명도가 오르면 약초 B&B

를 지어 멀리서 오는 손님도 맞을 수 있습니다.

시가 현 기타오미에서 시작한 '도뽀 마을 프로젝트'는 '겸업'의 좋은 예입니다. '쌀을 재배하는 목수'인 시미즈 씨와 '집을 만드는 농부'인 마쯔모토 씨가 의기투합해서 2008년 가을 '도뽀학교'를 세웠습니다. 이곳 문하생이 되면 3년 동안 농사와 집짓기를 배웁니다. 하루 10시간씩, 한 달에 25일을 일합니다. 결코 만만하지는 않지만, 정식 목수가 되려면 6년 동안 견습생 노릇을 해야 하는 실정에 비하면 나쁘지는 않습니다.

Check Point
11. 서로 도움을 주는 일거리를 생각한다.

우프, 농촌체험 교류

경영자와 종업원의 관계도 재정립해볼 수 있습니다. 우프WWOOF, Willing Wokkers On Organic Farm는 유기농업을 배우고 싶어 하는 젊은이WWOOFer가 노동력을 제공하고 유기농장주WWOOFer Host는 하루 세 끼 식사와 잠자리를 제공하는 시스템입니다.www.wwoofkorea.co.kr 참고. 유기농가는 노동력이 필요하지만 급여를 제공할 여유가 없고, 농사를 배우고 싶은 젊은이는 수업료와 숙식비를 낼 돈이 없습니다. 이 지점에서 모두가 '윈윈'할 수 있는 방법을 찾는 것입니다. 당연히 젊은이와 농장주는 서로 신뢰하며 정을 나누는 동료나 가족 같은 관계로 발전하겠죠. 이는 유기농업뿐만이 아니라 다른 분야에서도 응용할 수 있습니다. 매년 서너 명씩 1년 과정으로 들어오는 '비전력공방'의 제자들도 따지고 보면 우퍼들입니다.

> Check Point
> 12. 우프 시스템을 활용한다.

　카페를 운영할 경우 영업시간을 최대한 짧게 합니다. 일주일에 24시간 정도면 충분합니다. 도시에서는 72시간 영업이 상식이지만, 시골에서는 1/3으로도 가능합니다. 남는 시간에 경영자와 종업원이 함께 채소와 에너지를 생산하고 집을 짓고 물자를 나누어 씁니다. 이렇게 함께 생산하고 나누어 쓰는 물자는 급료의 일부를 현물로 지급하는 셈이 됩니다.

　카페 운영 수익금에서 지급하는 급료는 근무시간이 짧아지는 만큼 적습니다. 급료라고 하지만, 실제로는 카페 수입을 서로 나누는 것과 큰 차이가 없습니다. "주당 24시간밖에 운영하지 않는 가게가 잘될 리도 없고, 운영시간이 적으니 수익도 높지 않을 것이고……." 이런 걱정은 하지 않아도 됩니다. 시골은 도시처럼 월세와 인테리어에 돈이 많이 들지 않습니다. 따라서 가동률을 높여서 어떻게든 본전을 뽑으려고 궁리하지 않아도 웬만큼 수익이 날 수 있습니다.

　시골에는 어차피 고객이 많지 않습니다. 72시간 운영을 해도 48시간은 파리만 날릴 가능성이 높습니다. 24시간만 영업을 해도 초기 투자를 많이 하지 않았으므로 걱정할 필요가 없습니다.

　도찌기 현 나스시오바라 시의 JR 구로이소 역 앞에 있는 다미제 구로이소 갤러리는 일주일에 딱 이틀, 월요일과 화요일에만 문을 열지만 제법 인기가 있습니다. 수익도 꽤 나는 걸로 알고 있습니다. 수요일부터 일요일까지는 다른 일을 하니까 별도 수입이 생깁니다. 다른 일을 하면서 생겨나는 감성이 이 갤러리의 매력을 높이는데 도움이 됩니다. 이런 매력은 '유행'

에 덜 민감합니다. 고도 경제 성장기에는 너도나도 유행을 따라했지만, 지금 시대는 단순한 유행과는 정반대인 다양성과 개성과 창조성이 더 중요합니다. 그러니 '명품'에 목숨 걸 필요가 없습니다.

> Check Point
> 13. 영업시간을 짧게 한다.
> 14. 유행의 역 개념을 생각한다.

작은 곳부터 지역화 하기

글로벌화한 사회 시스템, 산업 시스템, 경제 시스템, 이 모든 게 하루아침에 지역 순환형으로 전환될 수는 없습니다. 서서히 변화해가다가 어느 순간이 되면 단번에 바뀔 것입니다. 그게 대 파국이 될지 심판의 시간이 될지는 모르겠습니다만. 이런 변화는 이미 알게 모르게 시작되었습니다.

'신토불이'라는 말이 유행한지 벌써 한참입니다. 시골에 사는 사람들은 멀리서 운반되어 온 첨가물 범벅의 신선하지 않은 음식을 돈 내고 사먹을 이유가 없습니다.

신선하고 맛있고 안전하고 값도 적절한 식품이 바로 옆에 있습니다. 이런 당연한 것들이 쉽게 현실화되지 않는 이유는 산업 시스템이 글로벌화 되어 있기 때문입니다. 산업 시스템을 작은 단위, 지역 단위로 재조직하면 식량 이외의 것들도 지역화가 가능해집니다.

>
> 15. 산업 시스템을 작은 차원에서 지역화 한다.

지역화의 조건

지역화에 가장 어울리지 않는 건 금융과 거대 제조업일 것입니다. 하지만 비즈니스 모델을 잘 만들면 '3만엔 비즈니스'도 가능할 수 있습니다. 물론 제대로 하지 않으면 난관에 봉착합니다. '작은 범위'라고 해도 산업 시스템을 바꾸려다 보면 기존 이권과의 마찰이 생기기 때문입니다. 따라서 이권을 건드리지 않는 부분부터 천천히 변화하는 지혜가 필요합니다.

"1.기존 이권은 가능하면 침해하지 않는다. 2.소비자의 이점이 월등히 많아지도록 한다. 3.새로운 고용을 창출한다. 4.사회성이 높아지게 한다. 5.비즈니스가 성립되도록 한다. 6.작게 시작한다."

이 여섯 가지 조건을 충족하는 게 좋습니다. 특히 여섯번째가 가장 중요합니다. 작으면 작을수록 실현 가능성이 높아집니다. 여담인데, 이런 접근 방식이 답답하게 느껴지고 고생 좀 하는 건 문제없다고 생각한다면, 기존 이권과 당당하게 대결하면서 여론의 지지를 모아 추진하는 것도 나쁘지 않습니다.

> **Check Point**
> 16. 작은 규모로 시작한다.

지역화 추진하기

지역화는 지방의 입장에서는 매우 실질적인 요구이지만 구체적 방법을 떠올리기는 쉽지 않습니다. 따라서 실제 사례를 들어주는 게 필수적입니다. 혹은 비즈니스 모델을 설명하고 실천을 돕는 방식으로 지역화를 추진할 수 있습니다. 아니면 지역화를 추진하는 것 자체가 비즈니스 모델이 될 수도 있습니다. 이런 비즈니스는 당연히 지역화 촉진과 상승 작용을 하게 됩니다.

몇 년 전, 어느 지방의 지자체장들에게 지역산업정책에 관해 자문을 해준 적이 있습니다. 그분들에게 "'환경친화'와 '고용증대'라는 양대 핵심 목표를 중심으로 지역의 중소 제조기업도 생산 가능한 기술 수준의 상품을 개발하여 인력과 일자리와 돈이 지역에서 순환할 수 있도록 하세요. 이를 실행하기 위해 현재 과학기술산업진흥자금으로 책정된 예산 수백억엔 중 절반 정도를 활용하면 어떨까합니다."라고 권고해주었습니다. 그분들은 "바로 이거야!"라며 무릎을 쳤지만 실제로 이루어질지는 난망입니다. 너무 거창한 이야기는 실행이 어렵습니다.

17. 지역화를 추진하는 일을 비즈니스로 삼는다.

거창한 프로젝트는 정부 주도이기 쉽고, 때로는 국가의 재정을 끌어와서 대규모로 일을 추진하기도 합니다. 앞으로는 이런 방식이 점점 늘어날 거라고 짐작됩니다. 최근 유행하는 '농공상 연계'는 기업과 개인이 함께 추진하고 있지만, 어지러운 이합집산이 계속되는 모습이 정치판과 크게 다르지 않습니다. 뭔가 참신하게 느껴지기도 하지만, 기대는 금물입니다. 지역 순환형 경제 시스템, 산업 시스템을 바꾸겠다는 큰 그림을 그리는 게 아니라 함께 모여 신상품 개발을 하자는 수준의 이야기이기 때문입니다. 와까야마 현 다나베 시의 아끼즈 지구에서는 주스 공장을 지어 특산품인 감귤주스를 전국으로 출하합니다. 폐교한 초등학교 건물을 텃밭 레스토랑으로 활용하기도 합니다. 규모는 작지만 고용이 창출되었습니다. 전국적인 유명세를 얻게 된 지역 생산과 지역 소비의 좋은 예입니다.

이 사례는 해당 지역 공동체가 토지를 소유하고 있었던 특수한 경우입니다. 지역 공동체가 활성화되어 있었고, 소유하고 있던 토지를 팔아서 여유 자금을 확보할 수 있었던 게 이점이었습니다.

고지 현의 우마지 마을은 유자주스를 만들어 판매하는데 성공했습니다. 생산자는 자금이 없었지만 마을에서 자금을 포함한 전면적 지원을 해주어서 가능했습니다. 읍장을 중심으로 목재를 펠릿통장작 대신 임업 폐기물과 톱밥 등을 작은 원기둥 모양으로 압축한 난방용 목재. 버려질 나무를 가공해 재활용하는 것.으로 만들고 펠릿을 연료로하는 스토브의 개발도 추진하고 있습니다. 마을 특산품으로 만들려는 노력이지요.

이처럼 지역 주도로 특산품을 개발하려는 시도가 끊임없이 이루어지고 있지만, 약간 고리타분한 방식이 아닌가 싶기도 합니다. 스미다 마을의 펠릿이 그런 예입니다. 목제 펠릿은 기본적으로 장작과 같은 종류의 바이오매스 에너지입니다. 난방과 급탕에 순환형 에너지인 바이오매스 에너지biomass energy, 재생에너지의 일종으로 살아있거나 최근에 죽은 생물 물질을 원료로 이를 연소하여 그 열을 이용하거나, 알코올이나 메탄가스와 같은 다른 화학물질로 변환시켜 연료로 사용하는 것.를 사용하는 건 환경에 좋은 일입니다. 그런데 목제 펠릿은 장작과는 달리 공업 생산품입니다. 유통이나 운반이 편리해서 금방 글로벌화 할 가능성이 높고 결국은 일반 목재와 같은 문제에 봉착할 수 있습니다. 지역 자원을 살려서 지역의 고용을 창출하려는 게 당초의 목적이었지만, 결국 생산기지와 자원이 해외로 이동하는 결과를 초래할 수 있습니다. 에너지를 지역화하는 게 중요합니다. 지역 자원을 사용하고, 지역 고용을 창출하고, 지속성을 가지도록 해야 합니다.

　오이타 현 다케다 시에서 다케다 택시를 경영하는 다카노 쇼 씨의 활동은 주목할 만합니다. 발명을 좋아하는 다카노 씨는 폐플라스틱으로 석유를 만드는 장치를 개발해왔습니다. 마침내 가정용과 업무용을 개발해서, 택시 승객을 중심으로 폐플라스틱을 회수하는 운동을 전개하고 있습니다. 이렇게 만든 석유는 택시연료로 사용하는데, 이 석유가격의 절반 정도에 상당하는 택시이용권을 폐플라스틱 회수에 협조한 고객에게 돌려줍니다. 나머지 절반은 환자와 노인들에게 택시 서비스를 무료로 제공하는 데 사용하고 있습니다. 이런 다카노 씨의 사회공헌 활동 덕에 다케다 택시는 시민들에게 큰 사랑을 받고 있습니다. 다카노 씨처럼 에너지를 지역화하는 비즈니스는 사회적 의의가 크고 연구를 잘하면 채산성도 맞는 일이 됩니다. 앞에서 예를 들었던 '뒷산 땔감 공급'도 이에 해당합니다.

> **Check Point**
> 18. 에너지를 지역화 하는 비즈니스를 생각한다.

자급자족하기

　생산자와 소비자 이어주기의 최종단계는 자급자족입니다. 국가 차원의 자급률 향상은 구호만으로는 이루어지지 않습니다. 공업제품 수출이 주도하는 국가 경제 정책은 예나 지금이나 변함없기 때문입니다. 광역 지자체의 자급률도 마찬가지입니다. 그처럼 커다란 지역 공동체는 실제로 존재하지 않기 때문입니다. 그보다 작은 공동체와 가정에서의 자급률을 높이러는 노력이 훨씬 효율적입니다.

'스스로 만들기보다 돈으로 사들이기' 버릇은 중독에 가깝습니다. 지난 50년 동안의 고도 경제 성장기를 거치면서 생겨난 습관입니다. 현대인들은 자기 힘으로는 아무것도 못하는 신세가 되어버렸습니다. 이제부터는 뭔가를 스스로 만들어 보려는 욕구가 점점 강해져야 합니다.

현대사회는 의존사회

자급자족이 선택이 아니라 필수였던 궁핍의 시대에서 벗어나, 지금은 과거와 비할 수 없을 정도로 물질적 풍요를 누리고 있습니다. 자급률은 경제 성장률에 반비례해서 현저하게 낮아졌습니다. 관점을 바꾸어 보면, 의존도를 높이는 식으로 경제 규모를 키워왔다고 할 수도 있습니다. 의존성이 지나치면 여러 가지 문제가 발생한다는 건 상식입니다. 푸드 마일리지가 그 중 하나입니다.

일본인은 평균적으로 지구를 1/4바퀴를 돌아서 온 음식을 먹는 걸로 알려져 있습니다. 이렇게 생산자와 소비자가 멀어지면, 생산지를 속이거나 농약의 과다 사용 같은 문제들이 필연적으로 생겨납니다. 또 의존성이 심해지면 스스로 생각하고 문제를 해결하면서 살아가는 능력이 줄어듭니다. 우울증, 면역력 감퇴, 성인병 증가도 당연한 일입니다. 이게 자급률을 높이는 일이 선택이 아니라 필수인 이유입니다.

지방의 자급률 높이기

'자급률을 향상하는 비즈니스'는 지방에서 일거리를 만드는 데 큰 역할을 할 수 있습니다. 시골에서는 음식이나 에너지를 스스로 만들거나 이웃과 물물교환하는 방식으로 지출을 줄이는 생활이 가능합니다. 자급률을 높인 덕에 수입이 적어도 문제가 되지 않습니다.

도시형 의존 사회가 확대되면서 이제는 지방도 돈으로 모든 걸 해결하려는 풍조에 젖어들고 있습니다. 한적한 시골 풍경과는 별로 어울리지 않는 명품 가방을 심심찮게 볼 수 있게 되었습니다. 당연히 예전보다 돈이 많이 드는 라이프스타일입니다. 여유 있던 지방의 삶이 더 많은 돈을 벌기 위해 바쁘고 각박해집니다.

그런데 지방의 일자리가 감소되어 수입은 더 줄어듭니다. 예전에는 그래도 상관이 없었습니다. 자급률을 다시 높이면 되니까요. 하지만 현실은 오랜 세월 동안 자급 능력이 퇴화되어서 발만 동동 구르는 사람들이 많습니다. 그런 지경이므로 자급률 상승을 촉진하는 비즈니스는 유망할 수밖에 없습니다. 비즈니스로써의 전망이 밝을 뿐 아니라, 사회의 지속성을 높여줄 것입니다.

> Check Point
> 19. 가정의 자급률을 높이는 비즈니스를 생각한다.

5종 세트 활용하기

국가 차원의 자급률을 높이는 것은 일개 발명가나 자영업자가 감당하기엔 벅찬 일입니다. 작은 지역이나 가정의 자급률을 높이기 위해 노력을 기울이는 게 효율적입니다.

자급률을 높이고 싶어 하는 사람에게 5종 세트를 제공하는 비즈니스를 생각해볼 수 있습니다. 5종 세트란, '1.도구 2.재료 3.노하우 4.동료 5.계기'를 묶어서 제공하는 것입니다. 이렇게 풀 패키지로 제공하면 손가락 하나 까딱하기 싫어하는 사람도 마음이 움직입니다.

사람들을 관찰해보면 출신배경에 따라 행동과 사고의 방식이 다르다는 걸 알 수 있습니다. 이를테면 이과 출신들은 도구만 생각합니다. 기술에 자신이 있기 때문입니다. 문과 출신이면서 논리를 따지기 좋아하는 사람들은 노하우를, 운동을 좋아하거나 종교에 심취한 사람들은 동료만 찾습니다.

5종 세트를 제공하면 누구나 만족할 수 있습니다. 이중 가장 중요한 건 동료입니다. 대기업은 돈을 들여 마케팅을 하지만, 자영업자나 발명가는 동료들을 규합하여 해낼 수 있습니다. 이를 위해선 공감과 즐거움을 함께 나누는 능력과 이런 환경을 연출하는 원리를 잘 이해해야 합니다. 그러면 비즈니스를 즐겁게 할 수 있습니다.

> **Check Point**
> 20. 5종 세트를 잘 활용한다. (도구, 재료, 노하우, 동료, 계기)

자급률의 아홉 가지 범주

지출 항목을 의, 식, 주, 에너지, 건강, 오락, 교육, 정보, 교통의 아홉 가지 범주로 분류해봅시다. 이렇게 하면 가정의 지출을 전부 알 수 있습니다. 아홉 가지 범주마다 국가, 지역, 가정의 자급률을 분석하여 모두 27개 항목으로 생각해봅시다. 근거가 되는 데이터는 없어도 좋습니다. 일단 추측에 맡겨봅시다. 추측으로도 계산이 가능합니다.

식량 자급률을 예로 들어봅시다. 일본 전체는 39%한국은 약 25%, 쌀을 제외하면 4% 내외입니다. 가구 단위의 추정이 가능합니다. 지역 단위는 데이터가 없으니 상상력을 발휘해봅니다. 현재 자급률은 검은 펜으로, 목표로 삼는 자급률을 빨간 펜으로 기입합니다. 다 채워 넣은 후에 잘 살펴보면, 현재와 목표 간의 차이가 큰 항목이 생각보다 많다는 것에 놀라게 됩니다. 이 차이가 잠재적인 기회가 되지만, 대부분의 사람들은 차이를 인지하지 못하고 살아갑니다. 사회의 변화가 너무 빠르기 때문입니다. 자급률만 그런 건 아니지만요.

현실과 목표의 차이에 주목하기

27개 항목을 채우고 차이를 깨닫게 되셨다고 해도, 아이템이 바로 생기지는 않습니다. 실제 일거리를 생각해내려면 구체적인 분류가 필요합니다. 식량을 세분화 해봅시다. 곡물, 채소, 음료, 향신료…… 더 내려가서 음료를 분류해봅시다. 녹차, 우롱차, 커피, 주스…….

자급률 수준을 삼단계로 정해봅시다. 예를 들면, 우롱차의 가정 내 현재 자급률은 당연히 0%에 가까울 겁니다. 우롱차의 목표 자급률도 0%라고 생각할지 모르겠지만, 꼭 그렇지는 않습니다. 장내의 피하지방이나 혈액내 여분의 지방을 녹여서 체외로 배출하는 우롱차는 갈수록 수요가 늘고 있습니다. 그런데 수입 우롱차는 농약 문제가 있다고 합니다. 만약 집에서 안전한 우롱차를 만들 수 있다면, '강한 잠재적 욕구를 충족하는 감동적인 상품'을 제공할 수 있을지도 모릅니다. 이것은 제 아이디어입니다. 아직 실천은 하지 않고 있지만.

〈표5〉를 참고하여 아홉 가지 영역을 최소한 100개 이상으로 세분화해 봅시다. 끈기가 있는 분은 500개까지 나누어도 좋습니다. 잘게 쪼갤수록 아이템은 많아집니다. 30분 정도 걸려서 100개로 세분화하면 아마 50개 정도는 발견할 수 있을 겁니다.

	국가		지역		가정	
	현실	목표	현실	목표	현실	목표
의						
식						
주						
에너지						
건강/안전						
오락						
교육						
정보						
교통						

〈표5〉 자급률분석표

> **Check Point**
> 21. 자급자족을 추구하는 비즈니스는 가능하면 세분화해서 생각한다.

노하우는 공짜로 나누기

5종 세트 중에서 '노하우'와 '동료'와 '계기'는 공짜로 동원할 수 있어야 합니다. '노하우와 고객을 어떻게 손에 넣을 것인가.' 이것이 20세기 비즈니스의 요체였다면, 정보와 네트워크의 시대인 21세기에서는 '노하우 공유와 열린 인간관계'로 사람들을 끌어 모을 수 있습니다.

'도구'는 원가에 제공합니다. 여기서 수익을 많이 내려고 하면 고객을 끌어 모을 수 없습니다. 수익은 '재료'의 공급에서 얻습니다. '재료'는 계속 구매해야 하기 때문에 수익을 지속적으로 확보할 수 있습니다.

중요한 것은 지속적인 즐거움을 제공하는 노력입니다. 이러한 노력을 게을리 하면 고객은 이탈합니다. '인터넷 쇼핑' 등의 경쟁 상대를 의식해야 합니다. 고객에게 지속적인 즐거움을 주기위해 노력하다보면 판매자 자신도 즐길 수 있는 좋은 비즈니스입니다.

> **Check Point**
> 22. '재료'의 판매로 지속적인 수익을 확보한다.

지출이 적은 라이프스타일

'지출이 적은 라이프스타일'은 지방에서 일자리를 만들 때 가장 중요합니다. 지출을 줄이는 것은 가정의 자급률을 높이는 것과 직결됩니다. 특히 식량과 에너지는 가능하면 스스로 확보하도록 합니다. 중요한 점은 이런 과정을 즐길 수 있어야 한다는 겁니다. 자급 생활이 초라하거나 비참하다고 느끼면 절대로 지속할 수 없습니다.

> **Check Point**
> 23. 지출이 적은 라이프스타일을 즐긴다.

'시골형 지출과 반 도시형 수입'이 가장 이상적입니다. 의, 식, 주, 에너지, 건강, 오락, 교육, 정보, 교통의 아홉 가지 범주세금, 연금, 보험, 저축을 제외한 대부분의 지출을 포함. 중에서 '정보'를 제외하고 모두 시골형 지출로 대체할 수 있습니다. 자급하거나 물물교환이 가능합니다. 주로 식량에 대해서만 자급을 떠올리지만, 다른 분야에서도 시도해 볼 수 있습니다. 일단 성공하면 지출을 획기적으로 줄일 수 있습니다. 그러면 돈을 적게 벌어도 생활이 가능하므로 좋아하는 일에 더 많은 시간을 활용할 수 있습니다. 남들이 무작정 따라가는 '상식'과 '유행'에서 벗어나 진정한 자유를 누릴 수도 있습니다.

'3만엔 비즈니스'는 그런 자유로운 환경에서 탄생합니다. 물론 가능하면 세련되고 멋져야 합니다. 이렇게 만들어진 상품이나 서비스를 도시에 사는 이들에게 인터넷으로 판매할 수 있습니다. 반 도시형 수입은 이렇게 확보됩니다.

> **Check Point**
> 24. 시골형 지출과 반 도시형 수입을 조합한다.

즐겁게 자급자족하기

문제는 '시간을 많이 들이지 않고도 즐겁게 자급을 할 수 있는가?'입니다. 뼈가 빠지게 일하는 방식은 지속가능하지 않습니다. 육체와 정신의 피로가 누적될 뿐만 아니라, 수입을 확보할 시간과 에너지도 사라집니다.

자급을 즐기려면 첫째, '만드는 걸 좋아하는 문화'가 필요합니다. 적절한 생산 활동은 한번 해보면 누구나 즐겁다고 느낍니다. '의존문화'에 중독된 사람은 '자급＝비참한 생활'이라는 선입관 때문에 오히려 거부감을 느끼겠죠. 문화를 바꾸는 데는 시간이 많이 필요합니다. 작은 것부터 끈기를 가지고 바꾸어 나가야 합니다. 명품도 멋지지만 스스로 디자인해서 만든 옷이 더 멋질 수도 있습니다. 세상에 단 하나밖에 없는 것이니까요.

둘째로 중요한 것은 '자급률을 높이려고 무리하지 않는 것'입니다. 즐겁게 할 수 있는 일을 가능한 범위 내에서 해나가는 편이 좋습니다. '내일부터 100%'가 아니라 '3년 내에 30%', 이런 식으로 계획을 세우고 차근차근 실천하는 게 현실적입니다.

셋째, '적정 기술의 도입'도 필요합니다. 에너지는 절대 쓰지 않겠다거나 모든 걸 손으로 해결하겠다는 식의 꽉 막힌 생각도 바람직하지 않습니다. 예를 들어 재배한 곡물을 전부 바이오매스 에너지로 바꾼다고 할 때, 에너지 총량을 계산해봅니다. 이렇게 계산해 본 값을 검토해보고 곡물생산량의 90%는 식량으로 사용하고 나머지 10%를 연료로 만들어 이듬해 농사에 사용하면 어떨까요?

넷째, '동료의 존재'는 필수입니다. 마음이 맞는 사람과 작업을 함께 하면서 '지나치게 비판적이지 않고, 이해관계나 위아래가 없도록 하고, 너무 가르치려 들지 않으면' 자연스레 좋은 친구 사이로 발전합니다. 다들 잘하거나 못하는 게 있게 마련입니다. 역할을 분담해서 서로 돕거나 물물교환을 하는 방법도 있습니다. 동료가 꼭 이웃일 필요도 없습니다. 평소엔 이메일 등으로 연락하다가, 가끔 여행하는 기분으로 서로 찾아가서 작업을 돕는 방법도 있습니다.

> **Check Point**
> 25. 자급자족을 즐길 수 있는 네 가지 조건
>   = 문화, 무리하지 않기, 적정기술, 동료

노하우가 비즈니스

시간을 많이 들이지 않고 즐겁게 자급이 가능한 방법을 궁리해보면, 그 노하우 자체가 비즈니스가 될 수도 있습니다. 적지 않은 사람들이 이런 노하우를 원할 테니까요. 이를 전수하는 일 자체가 비즈니스인 것입니다. 도구와 재료를 제공하는 비즈니스도 많이 있습니다.

> **Check Point**
> 26. 자급자족을 즐길 수 있는 비즈니스를 생각한다.

초기 투자와 대출은 제로

지방에서 '작은 도서관과 B&B'를 경영하는 아이템을 생각해봅시다. 도서관의 장르는 특화합니다. 도시의 큰 도서관과 구별되어야 하므로 범위는 좁힐수록 좋습니다. '영성과 힐링'을 위한 작은 도서관도 괜찮습니다. 장르를 특성화했으니 마니아층이 찾을 만한 귀한 책을 갖다놓을 수도 있습니다.

B&B는 최대한 책읽기 좋은 분위기로 만듭니다. 바깥 풍경, 의자, 조명, 인테리어, 음악 등 책읽기에 이보다 더 좋을 수는 없다는 생각이 들 정도가 되어야 합니다. 음료수도 책을 보면서 부담 없이 마실만한 것으로 제한하는 게 좋습니다. B&B의 주인은 당연히 이러한 장르의 책에 조예가 깊어서 손님들에게 적절한 자문도 줄 수 있어야 합니다.

투숙객들이 서로 대화를 나누도록 하고, 이 장르에 관한 이벤트를 개최하는 것도 좋습니다. 투숙객들은 짧게나마 감상문을 남기도록 합니다. 이 감상문을 인터넷에 '닉네임'과 함께 공개해서 SNS도 활성화합니다. B&B에서 사용하는 가구를 인터넷에서 판매할 수도 있습니다.

초기 투자는 최소화합니다. 초기 투자를 '0'에 가깝게 할수록 재미도 있고 수익도 납니다. 아이템은 의외로 많지만 대부분 초기 투자가 관건입니다.

> **Check Point**
> 27. 빚을 내지 않고 시작할 수 있는 비즈니스를 생각한다.

'초기 투자를 최소로 하는 일을 여러 개' 할 수 있으면 성공 보증입니다. '어떤 아이템이 좋지?'가 아니라, '어떻게 하면 초기 투자를 최소화해서 빚을 내지 않을까?'가 중요합니다.

시골에서는 초기 투자를 최소화할 수 있는 여지가 많습니다. 경치 좋은 곳에 동화 속의 집처럼 예쁜 스트로베일 하우스 B&B를 열 채 정도 짓는다고 생각해 봅시다. 각각의 스트로베일 하우스는 디자인을 달리합니다. 오스트레일리아에는 이런 B&B에 머물기 위해 해외에서 찾아오는 고객 예약이 6개월이나 밀려 있는 경우도 있습니다. B&B 주위에 카페와 가게도 만들고 이벤트를 주최합니다. 얼마든지 재미있게 만들 수 있습니다.

문제는 자금입니다. 업체에 주문해서 지으면 20평 기준으로 1,000만 엔은 듭니다. 열 채면 1억엔의 자금이 필요합니다. 10년 상환 대출을 받으면 매달 평균 110만엔을 이자와 원금으로 상환해야 합니다. 한 채에서 하루 1만엔의 영업이익이 난다고 가정하면, 손익분기점 가동률은 37%입니다. 이익이 난다고 장담할 수 없습니다. 겁나서 투자 결단을 내리기가 쉽지 않겠죠.

대신 이 비즈니스 모델을 인구 감소로 고민하는 마을에 들고 간다고 생각해봅시다. 우선 이장님이 기뻐하겠죠. 아마 빈 시골집 열 채 정도는 무료로 제공해줄 겁니다. 덤으로 길도 정비해줄지 모릅니다. 스트로베일을 이용한 헌집 리노베이션 워크숍으로 집을 고칠 수 있습니다. 이 정도면 1,000만엔이 아니라 100만엔이면 가능합니다. 열 채 모두 해서 1,000만엔입니다.

처음에는 동료 10명과 20만엔씩 갹출해서 두 채를 짓습니다. 그 정도는 마을에서 부담해줄지도 모릅니다. 1박에 2만5,000엔, 가동률 30%면 연간 수입은 274만엔. 수입의 일부인 200만엔으로 다시 두 채를 짓습니다. 이런 식으로 하면 4년 만에 열 채의 B&B를 완성할 수 있습니다.

더 독특한 아이디어도 있습니다. 20명이 모여서 먼저 두 채의 B&B를 함께 짓습니다. 천천히 지어서 재료비 외에 추가 비용이 들지 않게 합니다. 재료비는 한 채당 200만엔씩 책정합니다. 한 명이 20만엔씩 낼 수도 있습니다. 땅은 아주 싼값에 빌립니다. 물론 시골에서만 가능한 일입니다. 그 다음은 앞의 예와 마찬가지로, 6년 만에 열 채를 지을 수 있습니다.

도시민에게 한 채당 1,000만엔에 판매하는 방법도 있습니다. 집주인은 평시엔 별장으로 사용하고, 본인이 사용하지 않을 때는 B&B로 임대합니다. 영업과 운영은 시골에 사는 '3만엔 비즈니스' 사업가가 맡습니다. 투숙객에게 받은 숙박비는 오너와 운영자가 1:3의 비율로 나눕니다. 가동률이 30%, 한 채 숙박비를 2만5,000엔으로 하면, 집주인의 연 수입은 68만 4,000엔, 운영자의 수입은 약 200만엔이 됩니다. 운영자에게는 운영 경비를 제해도 50%인 100만엔 정도는 실수입으로 남습니다.

레인보우 컴퍼니

무일푼인 젊은이가 빚내지 않고도 창업할 수 있는 게 '지방에서 일거리를 만드는 프로젝트'의 묘미입니다. 도시에서 불가능한 일들이 지방에서는 가능할 수 있습니다. 오스트레일리아의 브리스번 근교에 가면 '레인보우 컴퍼니Rainbow Company'라는 회사가 있습니다. 꽤 유명한 곳인데, 직접 찾아가 보고는 의외로 소박해서 놀랐습니다.

연면적 300평 정도의 낡은 2층 시골 건물에 태양전지, 태양열 온수기, 소형 풍력발전기, 소형 수력발전기가 다소 어지럽게 전시돼 있습니다. 곰곰 생각해보면 소박한 규모로 운영하니 더 잘 되는 게 아닌가 싶기도 합니다.

태양전지는 샤프, 교세라, 산요 등 일본 제품을 비롯해서 미국제, 중국제 등 20여 종류가 있습니다. 배터리와 컨트롤러도 10종류 이상 있습니다. CD나 책과 같이 설치를 돕기 위한 교재와 부교재도 다양합니다.

이곳은 오스트레일리아에서 재생에너지에 관심이 있는 사람들에게는 '성지 순례 코스'입니다. 구경만 하러 오는 게 아니라 공부를 하러 오는 사람도 있고, 물건을 구매하거나 설치공사를 부탁하는 사람도 있습니다.

어떤 이는 이곳을 자연에너지, 재생에너지의 백화점이라고 부르기도 합니다. 백화점이라기엔 좀 소박하고, 물건 판매보다는 교육을 더 중시하기 때문에 학교처럼 느껴지기도 합니다. 워크숍에 참석하기 위해 사람들이 많이 오니까 물건도 적절하게 팔립니다. 매출이 어느 정도 되니까 매입 원가도 비교적 낮게 유지할 수 있습니다. 그 모든 게 시골이라서 가능한 일입니다.

> **Check Point**
> 28. 상품 판매보다는 교육 서비스 제공에 중점을 둔다.

자신의 영업장소와 사업아이템, 잠재적 고객이 사는 장소의 상대적 관계를 먼저 잘 살펴보는 것도 중요합니다. 예를 들어 인구 2만 명 정도의 어느 군청소재지의 소바집_{일본에서 소바집은 인구 1만 명 당 세 곳}을 신장개업한다고 생각해봅시다. 〈표6〉은 소비자도 사업자도 군청소재지에 위치한 경우입니다. 이 상황에서 시장, 수요, 고객성향 등을 고려해 봅시다.

군이나 지방 소도시는 GDP가 계속 감소하고 있을 가능성이 높습니다. 반면에 광열비, 사회보장비, 세금은 계속 증가하고 있으니 소비자의 가처분 소득은 더 줄어들겠죠. 소득이 줄어들수록 가정마다 외식비의 지출도 줄겠지요. 그러니 장사는 쉽지 않을 겁니다. 자신이 개업한 소바집이

생산자의 위치	고객의 위치	비즈니스
군청 소재지	군청 소재지	중국집

〈표6〉 3만엔 비즈니스 위치 분석 사례

'맛집'으로 소문날 정도의 솜씨면 아마 기존 소바집 두 곳의 고객은 뺏어 올 것이므로 고객을 빼앗긴 두 곳은 문을 닫게 될지도 모르겠습니다. 그나마 맛이 뛰어나지 않다면 자신의 가게가 문을 닫게 되겠죠.

시골이라면 단골이 많아서 새로 생긴 가게를 찾는 사람도 별로 없을테니 결국 장사는 한정된 고객을 두고 경쟁하는 제로섬 게임과 같을 것입니다.

〈표7〉처럼 자신과 고객의 위치를 잘 정의하고 이 위치의 시장, 고객 성향과 수요를 생각해보아야 합니다.

여담이지만, 기존의 경쟁형 마케팅 전략은, '시장의 성장'과 '경쟁 우위성'을 토대로 수립합니다. 두 가지 다 충족될 때에만 투자를 결정하는 것이지요. 자금은 투자가나 은행에 의존을 하고, 투자 회수가 가능한 현금 흐름을 계산해본 후에만 실행이 됩니다. 중국집에 투자를 한다면, 아마 새롭게 인구가 유입되는 신축 아파트 단지 주변 같은 곳이 적절하겠죠. 이제 일본은 그런 곳도 별로 없지만 말입니다.

29. 소비자와 사업장의 물리적 위치를 잘 정의한다.

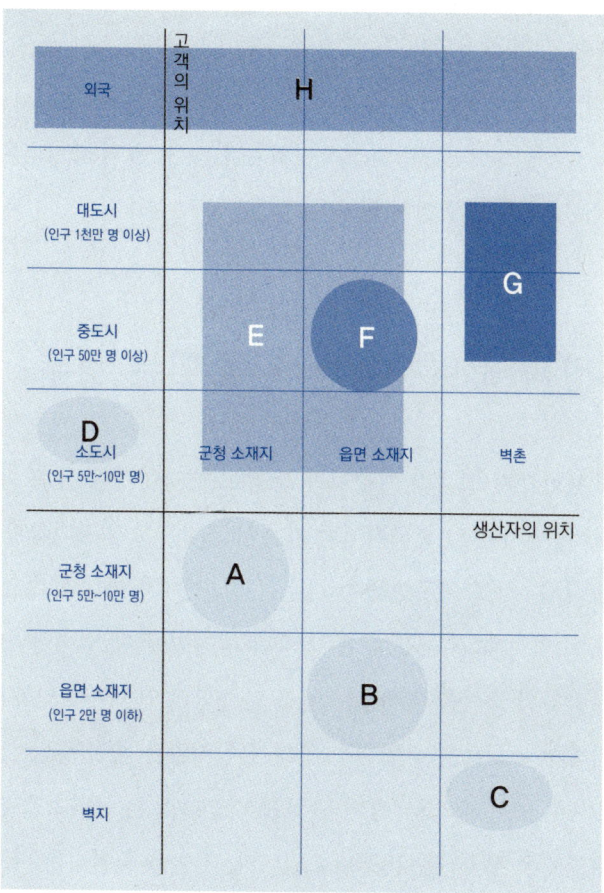

〈표7〉 고객과 생산자의 위치 분석

위치의 정의

횡축에 자신의 위치, 종축에 고객의 위치를 표시합니다. 〈표7〉에서 일을 정의합니다. 즉 시골과 도시 그리고 그 상대적 관계 안에서 소비자를 소구할 수 있는 상품, 생산자가 조달 가능한 상품을 정의하고 그 타당성을 고려해 보는 것이 중요합니다. 위치를 구분하는 기준은 인구, 학력, 수입 정도, 문화성향 등 다양한 요소를 고려해야 합니다.

벽지는 사람들이 잘 알지도 못하는 '깡촌'입니다. 앞의 중국집의 사례는 군청소재지에 속하는 것인데 별로 잘 될 것 같지 않죠.

사업장과 소비자가 시골에 있는 경우

자신의 사업장과 고객의 거주지가 군청 소재지이거나 읍 또는 벽지인 경우, 이런 곳에서 앞의 중국집처럼 기존 비즈니스로 일자리를 만드는 건 쉽지 않습니다. 시골 거주민들은 단순히 검소한 게 아니라 수입 자체가 적습니다. 수입이 적기 때문에 돈이 약간 생기면 금방 소비합니다. 이런 곳에서 사람들의 소득을 늘려주는 일을 만들면 당연히 환영받게 됩니다.

이를 위해서는 새로운 수입원을 만들거나 지출을 줄일 수밖에 없는데, 이를테면 '4부'에서 소개한 '왕겨 단열재 비즈니스'는 농한기를 활용해서 새로운 수입원을 제공하는 비즈니스입니다. 지출을 줄여주는 비즈니스는 상당히 많습니다. 아홉 개의 지출 범주를 떠올려봅시다. 의, 식, 주, 에너지, 의료, 오락, 교육, 정보, 교통, 이 범주별로 지출의 비율은 위치와 상황에 따라 달라집니다. 상황에 맞춰 고려할 필요가 있습니다.

> **Check Point**
> 30. 잠재 고객의 소득을 늘려준다.

고향 앞으로?

지방에서 일자리를 만들 때, 자신의 고향에 집착하지 않는 게 좋습니다. 고향을 그리워하고 귀향하고 싶은 건 인지상정입니다. 그러나 앞으로 10~20년이 과도기라는 사실을 염두에 두셔야 합니다. 과도기에는 변화가 다양하면서도 부분적입니다. 장소와 아이템의 조합이 좋은 경우보다는 나쁜 경우가 더 많습니다. 고향으로 돌아가기 위해 적절하지 않은 조합을 일부러 선택할 필요가 없습니다. 고향이라는 장소보다는 장소와 아이템이 잘 맞는 곳을 기준으로 골라서 시작하는 게 좋습니다.

지방에서 일자리를 만들려는 시도가 실패하는 원인 중 가장 큰 게 고향에 대한 집착입니다. 고향을 고집하는 이유에 대해 물어보면 여러 가지 대답이 있습니다. 아름다운 자연, 따스한 인간관계, 문화적 풍요로움…… 다른 지방에도 이런 요소들은 갖추어져 있습니다. 고향에 집착하는 이유는 솔직히 의존하려는 마음 때문일 겁니다. 살 집도 이미 있고, 친척이나 지인들도 많고, 지역 사정도 훤합니다. 하지만 다양한 변화가 일어나고 있는 지금 같은 과도기에는 현실에 안주하기보다는 변화에 올라 탈 때 더 쉽게 가치를 창출할 수 있습니다. 고향에 돌아가는 것은 은퇴 후나 노년이 된 후에도 늦지 않습니다.

> **Check Point**
> 31. 고향에 집착하지 말자.

시골로 찾아오게 만들기

〈표7〉에서 E, F, G는 자신의 위치는 시골, 고객의 위치는 도시입니다. 시골의 사업장에서 도시에 사는 고객에게 상품과 서비스를 제공하는 경우입니다. 도시의 고객에게 상품을 배달하는 경우도 있고, 고객이 시골의 사업장으로 찾아오는 경우도 있습니다.

'유기농 목화/면 학교'는 후자의 예입니다. 시골에 유기농 목화밭을 만듭니다. 물론 기후가 따뜻한 곳이어야 하겠죠. 밭 옆에 교실과 B&B를 겸한 건물을 준비합니다. 건물은 빈 시골집을 구해 개조하는 게 좋습니다. 여기서 유기농 면 만들기 워크숍을 개최합니다. 이 워크숍은 10개 정도의 강좌로 구성하고, 1개 강좌만 참석하는 것도 허용합니다.

강좌 내용은 1.목화심기 2.목화 채취 및 면실 방적 3.자연염색 4.방직a 5.방직b 6.디자인a 7.디자인b 8.봉재a 9.봉재b 10.최종 복습으로 합니다. 각 강좌는 2박 3일 동안 진행하며 월 1회 개최를 원칙으로 합니다. 숙박은 B&B를 이용하도록 합니다. 아름다운 풍광이 한눈에 들어오는 전망 좋은 곳을 B&B 입지로 확보하고 아주 멋지게 지어야 합니다. 장작 스토브 앞에서의 가벼운 와인파티처럼 참가자들의 친목을 도모할 수 있는 분위기 연출도 중요합니다. 점심식사는 제휴 도시락 전문점의 유기농 도시락을 주문하고, 저녁식사는 농장이 딸린 제휴 유기농 레스토랑에서, 잠자리에 들기 전에는 제휴한 온천에 들러 피로를 풀 수 있도록 합니다.

1회만 참가할 경우에는 재료비와 숙박비와 식대를 합쳐서 3만엔, 10회 모두 참가할 경우에는 25만엔 정도로 합니다. 수강생은 월 1회 10개월 과정으로 코스를 이수합니다. 과정을 마치면 목화 재배에서 면섬유 제조, 옷 디자인, 봉재에 이르기까지 스스로 자급하는 게 가능합니다. 여기에 선택

고급과정을 이수하면 총 10박 15만엔 유기농 목화/면 학교를 스스로 운영할 정도의 수준까지 도달할 수 있습니다. 만일 이수자가 워크숍 과정을 운영하는 분교를 만들면, 상대적으로 시설이 많이 필요한 일부 코스는 본교 설비를 빌려서 진행할 수도 있습니다.

> **Check Point**
> 32. 도시의 소비자를 시골로 불러들인다.

25만엔이 비싸다고 느끼실 분도 있을지 모르겠지만, 20박 70끼 숙식에 교재비까지 포함된 가격이라면 그리 과한 게 아닙니다. 시중의 교육기관이라면 50만엔도 요구할만한 내용입니다. 거꾸로 25만엔 적자가 날까 염려할 수도 있지만, 시골에서 운영하기 때문에 그럴 염려는 훨씬 줄어듭니다. 건물 사용 등에서 임대료 같은 비용이 발생하지 않도록 하는 게 중요합니다. 방직이나 염색 같은 개별적인 배움터는 도시에도 있지만 대개는 취미 수준으로 단편적인 지식과 기술을 전달하는 정도입니다. 제가 과문한 탓인지, 목화 재배부터 봉재까지 풀 패키지 프로그램은 아직 본 적이 없습니다. 도시에 사는 사람들 중엔 이런 기회를 목말라하는 사람들이 꽤 있습니다. 워크숍 참가를 계기로 삶을 풍성하게 하고 친구도 만들고 잘하면 자신의 사업으로까지 연결할 수 있는 기회라면 50만엔을 지불해도 아깝지 않다고 생각하는 사람도 있습니다. 시골에서 도시의 일거리를 만들어주는 이런 비즈니스도 꽤 매력적입니다.

이 비즈니스는 사업성이 꽤 높습니다. 본교와 분교를 통해 졸업생이 계속 늘어나면, 그들에게 기계와 교재를 계속 공급하는 것도 가능합니다. 그러면 수익은 계속 증가하겠지요. 여기까지는 'check point 22'와 'check point 23'에서 언급한 내용입니다.

과정 중에 즐거움을 연출하는 걸 잊지 마세요. 인터넷 판매도 병행합니다. 인터넷 판매를 하면 매출은 좀 늘겠지만 큰 기대는 하지 않는 게 좋습니다. 인터넷은 워크숍 참가 학생을 늘리기 위한 홍보 수단 이상은 아닙니다. 그래서 웹사이트도 재미있게 하고 참여를 유도하는 방법으로 만들어야 합니다.

33. 시골에 살면서 도시에 일거리가 생겨나게 한다.

앞서 언급한 '레인보우 컴퍼니'도 고객을 시골로 불러들이는 비즈니스 모델입니다. 이런 경우 고객이 감동할만한 가치가 있어야 하고, 시골에서만 할 수 있는 것이어야 합니다.

34. 시골에 있어야만 하면서 상품의 가치도 탁월한 비즈니스를 만든다.

평생 고객 확보하기

자신은 시골에 살고 고객이 도시에 사는 경우의 또 다른 방식은 고객에게 물건을 배송하는 것입니다. 농산물이나 특산품의 산지 직송이 그 사례입니다. 이런 경우에도 불특정다수의 고객을 대상으로 하는 건 바람직하지 않습니다. 시간이 좀 지나면 '글로벌라이제이션'의 위협에 노출되기 때문입니다. 훨씬 적은 비용으로 해외에서 생산한 저가 복제품을 판매하는 경쟁자가 등장하기 마련입니다. 소수의 특정 고객과 밀접하게 이어지는 것만이 해답입니다.

여기 '생활 골동품 리스토어'의 예가 있습니다. 낡거나 고장 나서 사용할 수 없는 제품을 수리하고, 새 것처럼 윤이 나게 다듬는 과정을 수선이 아니라 '리스토어restore'라고 합니다. 발로 구르는 재봉틀이나 기계식 시계를 리스토어해서 시골에 있는 전시장이나 인터넷으로 전국에 판매하는 것입니다.

골동품으로 한정하면 관심 있는 고객을 더 끌어들일 수 있습니다. 리스토어 기술을 갈고 닦아 고유한 부가가치를 창출합니다. 전시장은 시골에 두어 비용을 최소화합니다. 널찍한 공간을 확보하여 작업장과 전시장과 창고 겸용으로 쓸 수 있습니다. 오래된 집이 많은 시골에서 골동품이 될 만한 물건을 더 많이 찾을 수 있을지도 모릅니다. 생활 골동품을 좋아하는 사람들을 모아서 교류회나 연구회 및 여러 가지 이벤트를 기획합니다. 마니아 구매 수준에 머무르는 게 아니라, 물건을 발굴하고 직접 리스토어 하는 기술까지 갖추도록 도와줍니다. 비즈니스에 동호회의 특성을 접목하는 것입니다.

시골에서 도시로 상품을 배송하는 경우 소수의 특정 고객과 밀접한 관계를 유지하는 활동을 게을리 하면, 저가를 내세우는 경쟁 상대에게 금세 밀리고 맙니다. 상품을 특성화하고 이를 선호하는 소수의 고객을 소구하기 위해 특성화를 계속 강화해가는 것, 리스토어 해야 하는 소재를 끊임없이 모을 수 있는 방법을 강구하고 재고 관리를 잘 하는 것도 중요합니다. 이 모든 노력이 균형 잡히면 지속가능한 좋은 비즈니스가 됩니다.

> **Check Point**
> 35. 특성을 잘 가다듬어 소수의 타깃 고객과 연결한다.

귀농 도우미

'도시에 사는 샐러리맨의 80%가 월급쟁이 생활을 그만두고 싶어 한다.'는 기사를 본 적이 있습니다. 그중 상당수가 귀농이나 전원생활을 고려하고 있다고도 합니다. 하지만 현실에서 그 꿈을 실행에 옮기는 사람은 그리 많지 않습니다. 살을 빼겠다고 운동이나 다이어트를 시도하는 사람은 많아도 실제로 성공하는 사람이 적은 것과 비슷한 이치입니다.

이 간극을 메우기 위해 공생형 사업이나 지방 이주를 촉진하는 것은 사회적 의미와 사업성을 모두 갖춘 일석이조의 일거리입니다. '시골생활의 로망'을 가진 사람들을 가망고객으로 삼아봅시다. 이런 고객을 분류해보면 다음과 같습니다.

1. 꿈꾸기 단계 : '시골생활에 대한 책'을 가끔 읽는 정도
2. 모색 단계 : '시골생활 전문잡지'에 게재된 부동산 정보를 확인하고 가끔은 직접 방문도 함
3. 구체화 단계 : 일과 장소를 정하기 시작함
4. 착수 단계 : 땅을 삼
5. 현실화 단계 : 이주

이런 분류는 고객을 세분화하면서 동시에 실제 이주의 단계적 접근이 됩니다. 각 단계에서 다음 단계로 진전하는 걸 돕는 과정을 생각해봅시다. 분명히 많은 난관이 예상됩니다. 이 난관과 문턱을 낮추도록 돕는 역할도 비즈니스가 될 가능성이 높습니다.

> **Check Point**
> 36. 귀농과 지방 이주의 문턱을 낮추는 일을 생각한다.

내 손으로 짓는 별장촌

'셀프 빌드 별장촌'은 제가 운영하고 있는 '비전력공방'에서 생각하고 있는 아이템 중 하나입니다. 우선 사용하지 않는 아름다운 잡목림을 저렴한 가격에 구합니다. 처음에 열 채의 별장을 짓습니다. 한 채의 크기는 20㎡ 약 6평 정도로 합니다. 바이오화장실도 구비합니다. 공동으로 사용할 수 있는 취사장 겸 식당과, 역시 공동 공간인 카페10㎡도 짓습니다.

각각의 집은 건축주 스스로 짓도록 하는데, 다른 아홉 채의 주인들이 돌아가며 도와줍니다. 식당과 카페는 열 채가 다 지어진 후에 함께 짓습니다. 토지와 재료, 도구 및 노하우는 사업자가 제공합니다. 이때 각각의 건축주는 사업자에게 150만엔 정도를 지불합니다. 단돈 150만엔으로 숲 속의 아름다운 별장 한 채와 공동으로 사용하는 카페와 식당의 주인이 되는 것입니다.

별장을 공동 작업으로 지으면서 열 채의 건축주들은 친목을 도모할 수 있습니다. 마음이 맞지 않는 사람이 있을 수도 있지만, 이런 취지에 공감하는 사람들이라면 친구가 될 가능성이 더 높습니다.

시간은 충분히 갖도록 합니다. 사업자나 건축주들이나 모두 느긋하게 일을 진행해야 합니다. 느긋하게 진행하니 빚을 내는 일 따위는 없습니다. 생계에 지장을 초래하는 일도 없습니다. 즐겁게 작업이 가능한 환경을 연출하는 것도 잊어서는 안 됩니다. 빚 안 내기, 생계에 지장 없기, 즐겁게 작업하기, 이 세 가지를 꼭 지키도록 합니다.

> **Check Point**
> 37. 슬로우 디자인을 위한 3종 세트 = 빚을 내지 않는다, 생계에 어려움이 없도록 한다, 즐거움을 지속한다.

열 채의 별장을 다 지었다고 합시다. 이제 2기 열 채로 넘어갑니다. 1기 주민들은 별장을 이용하기 시작합니다. 가끔 온천도 가는 등 레저 활동이나 한가한 휴식시간을 즐길 수도 있지만, 이 정도 열의가 있는 사람들이라면 '즐겁게 착한 일을 하면서 살아가는 공동생활'이라든가 '에너지와 식량을 자급하는 공동생활'과 같은 다음 단계의 프로젝트를 생각해볼 수도 있습니다. 사업자는 이런 계획을 자연스럽게 유도합니다.

> **Check Point**
> 38. 착한 일로 즐겁게 벌이할 수 있는 걸 취미로 삼는다.

이런 식으로 착한 일을 하면서 즐거운 비즈니스가 가능해졌다고 칩시다. 그 사람은 '아름다운 자연, 따스한 인간관계, 즐거운 일거리, 풍성한 문화'를 손에 넣은 것입니다. 다시 말하면 그곳에 정주할 수 있는 기반을 마련했다고 할 수 있습니다. 정말 정주하고 싶어졌다면, 저렴한 가격에 토지를 구매할 수 있도록 도와주고, 집을 다시 스스로 짓습니다. 저렴한 토지, 집짓기 기술, 동료, 이 세 가지만 있으면 빚을 내거나 큰돈 들이지 않고도 집을 지을 수 있습니다.

앞서 네 가지 정주 조건에 집이 더해져서 만족스럽게 정주할 수 있는 다섯 가지 조건이 갖추어졌습니다. 이렇게 해서 별장 주인과 영구 거주자와 사업자가 함께 사는 마을이 탄생했습니다.

> **Check Point**
> 39. 만족하고 정주할 수 있는 다섯 가지 조건을 갖추도록 한다.
>   = 아름다운 자연, 따스한 인간관계, 즐겁게 벌이가 될 수 있는 일거리, 풍성한 문화, 집.

물론 꼭 이렇게 되리라는 보장은 없습니다. 지향은 하되 무리하지 않고 자연스럽게 이루어지도록 합니다. 이런 방식은 최근의 워크숍 경향이기도 합니다. 지금까지는 목적이 있고 목표와 계획을 세운 뒤 사람을 모아서 행동에 착수했습니다. 새로운 스타일의 워크숍은 감성이 비슷한 사람들끼리 모여서 막연하게 활동을 하다보면 목적이 저절로 생겨납니다. 서로 강요하고 몰아붙이는 일 따위는 없습니다. 짧은 시간에 많은 결과가 나오기를 바라는 경쟁 사회의 법칙과는 정반대입니다. 하지만 자발적으로 자유롭게 결정하기 때문에 나중에 후회할 일은 없습니다. '자유로움과 노리스크' 공생을 좋아하는 사람들이 이런 방식을 좋아하는 이유입니다.

> **Check Point**
> 40. 지향은 하되 무리하지 않고 자연스럽게 이루어지도록 한다.

이렇게 만들어진 마을이 진정한 생태마을입니다. 처음부터 목표를 명확히 하지 않아서 생태마을이 아닐 수도 있지만 상관없습니다. 대부분의 생태마을은 청사진을 명확하게 설계하고 거주민을 모집합니다. 그렇게 하면 실현 가능성은 높아지지만, 좀 고리타분한 측면이 있습니다.

사업자의 경제적 리스크가 생길 수 있으며, 처음 주민들이 꿈꾸던 공동체나 인간관계가 제대로 이루어지지 않을 수도 있습니다.

동료의 존재는 필수

지방에서 일거리를 만들기 위해, 혹은 즐겁게 살아가기 위해서는 동료의 존재가 필수입니다. 동료들이 꼭 같은 지역에서 살 필요는 없습니다. 전국 혹은 전 세계에 흩어져 있더라도 상관없습니다. 같은 지역, 전국 각지, 전 세계, 이렇게 적절히 분포하는 게 이상적일 수도 있습니다.

동료의 존재가 중요한 까닭은 재삼 설명할 필요도 없습니다. 첫째, 동료는 서로에게 용기를 북돋워줍니다. 둘째, 동료에게서 힌트를 얻을 수 있습니다. 셋째, 동료와 일을 공유할 수 있습니다.

> Check Point
> 41. 동료의 존재는 필수이다.

즐거움이 일의 주제

저희 세대는 꽤 과격한 편에 속합니다. 안보투쟁1960년대 미국 주도의 냉전체제에 가담하는 미일상호방위조약 개정에 반대했던 대규모 평화시민운동, 환경문제 분쟁, 대학분쟁 등 젊었을 때는 늘 데모대에 앞장서서 돌멩이를 던지던 기억이 납니다. 레닌이나 모택동의 책을 읽고 큰 깨달음을 얻은 심정으로 '정의'를 외쳐

댔습니다. 어느 정도는 자아도취였던 것 같기도 합니다. 덕분에 스스로를 지쳐 쓰러질 때까지 몰아붙였습니다. 여유가 별로 없고 쉽게 공격적이 되곤 했던 것 같습니다. 그러다 독불장군이 되어 좌절합니다. 그런 과정의 연속이었습니다. 30년쯤 이런 경험을 반복하고 나서 얻은 중요한 교훈이 한 가지 있습니다. '사람들은 의미보다 재미를 추구한다.'는 사실입니다.

민주주의와 정보가 발달하지 않은 시절에는 이런 지혜가 없었다는 변명이 가능했지만 지금은 안 되죠. 핵심은 '올바름'이 아니라 '즐거움'입니다. '즐거움'은 확실히 '동기 유발'의 확실한 동력인 것 같습니다. 착한 일은 다들 즐겁게 합니다. '입으로만 큰소리치는' 일은 거들떠보지 말고, 착한 일과 작은 일을 모두 즐겁게 하는 게 좋습니다. 작으면 작을수록 더 좋습니다. 그게 시작하기 쉽고 반대하는 사람도 적습니다. 결과를 내기에도 좋습니다. 이런 식으로 점차 확산되어 많은 사람들의 동의를 얻으면 사회 변화도 가능할 것입니다. 어쨌든 정보혁명이 일어났으니까요. '즐거움'이 주제가 되어야 한다는 걸 잊지 말아주세요.

> **Check Point**
> 42. 즐거움을 주제로 한다.

로컬 크리에이티브

매력적인 장소는 사람을 끌어들입니다. 사람이 늘어나면 일거리도 자연히 늘어납니다. 일거리가 늘어나면 사람은 더 모입니다. 지역의 생산물을 지역에서 소비하는 것처럼 지역 경제의 선순환이 진행됩니다. 이 책의

'3부'에서 소개하는 분들은 일본의 지역 곳곳에서 마을을 기반으로한 선순환의 좋은 예를 만들고 있습니다. 이들은 기존의 틀을 깨고 새로운 시도를 성공시킨 '크리에이티브'의 선구자라 할만합니다.

아인슈타인은 "어떤 문제를 일으킨 사고방식을 가지고 그 문제를 해결할 수 없다."라는 말을 남겼습니다. 일자리가 줄면서 사람이 줄고, 사람이 줄자 일자리가 더 줄어드는 지역의 악순환을 초래한 '중앙 집권형, 성장 중시형 시스템을 전제로 한 지역의 역할'이라는 사고방식이 있습니다. 이런 사고방식으로 생각해낼 수 있는 해결책은 결국 한계가 있습니다. '공공사업, 정부보조금, 기업 유치, 관광, 특산품', 이 5종 세트에서 결코 벗어나지 못합니다. 이 한계를 벗어나는 게 선순환으로 나아가는 관건입니다.

'크리에이티브'는 '창조적' 또는 '창조적인 사람'이라는 뜻입니다. 미국에서는 최근 문화적이고 창의적인 인재CC, Cultural Creative라는 말이 유행하고 있습니다. 앞에서 언급한 마을의 공통점은 이러한 '문화 창조자'들의 주도로 변화가 일어나기 시작했다는 것입니다. 이러한 인재는 '문화 창조자'일뿐만이 아니라 일거리를 만들고 커뮤니티를 만드는 역할도 합니다. 즉, 그들이 주도해서 문화 창조라는 돌파구를 열면, 그 지역에 선순환이 시작되는 것입니다.*

이렇게 선도적으로 지역을 창조적으로 바꾸는 사람을 '지역의 창의적

---

* 문화적이고 창의적인 인재란, 문화 및 창의 산업 분야로 진출하는 인재를 말한다. 문화와 창의 산업이 돈이 되는 시대에 이런 인재를 키우자고 국가와 시장에서 대대적인 캠페인을 벌이고 지원을 하기도 한다. 한국에서는 1990년대부터 스필버그 감독이 만든 영화 한 편의 수익이 현대자동차 몇 십만 대의 수익과 맞먹는다면서 문화쪽으로 눈을 돌리자고 대대적인 캠페인을 벌였다. 지금의 한류 스타들이 그 예이기도 한데, 이들은 스스로 성장했다기보다 SM 등 기획회사가 키운 '인적 제품' 또는 시장의 산물이라는 점에서 로컬 크리에이티브와는 현격한 차이가 있다. 로컬 크리에이티브는 자기 거점/마을을 가지고 있으며 그 활동공간 안에서 계속 창의적일 수 있고 동시에 그 로컬/생태계를 만들어낸다는 점에서 거대 시장에서 살아남는/언젠가 버려지는 로컬 베이스가 없는 스타들과는 다르다.

인재LC, Local Creative'라고 부르면 어떨까 합니다.

카리스마 넘치는 지역의 창의적 인재들이 일본에도 적지 않습니다. 활력이 넘치고, 친절하면서도 매력적인 분들입니다. 카리스마형 리더가 없어도 지역에서 창조적인 선순환을 낳는 일이 가능합니다. 몇몇 지역에서는 뿌리 깊은 지역 공동체를 중심으로 집단지성이 작동해 이러한 창조적 변화가 가능했습니다.

지역을 창조적으로 변화시키는 게 꼭 문화사업에만 국한될 필요는 없습니다. 트랜지션 타운이나 지역통화와 같은 활동으로 일자리가 창출되는 것도 좋고 생태와 관련된 것도 괜찮습니다. '지역의 생태를 보존하자.'라는 지역 NPO 활동이 생태마을로 발전하는 경우를 상상해보시기 바랍니다.

결국 출발점은 1.문화, 2.생태, 3.일거리, 4.공동체, 이 네 가지 중 하나면 됩니다. 중요한 것은 이 네 가지 요소가 서로 연계되어 선순환을 이루는 것입니다. 어느 한 가지에 머무르면 선순환은 발생하지 않습니다.

'자연을 보호하자.'라는 구호 수준이 아니라, 이런 활동을 통해 일자리를 창출할 수 있다면 멀리에서도 일부러 사람들이 찾아오고 새로운 커뮤니티가 생겨나기도 합니다. 이 커뮤니티는 다양한 배경과 지역과 문화를 가진 사람들로 구성됩니다. 틀에 박힌 생각에서 벗어나지 못하는 '지역 상공회의소'나 '관광협회'와는 차원이 다른 새로운 집단에서 자유롭고 미래지향적인 생각을 나눌 수 있습니다.

공동체를 만들 때는 단발성 문화행사로 끝나지 않도록 주의할 필요가 있습니다. 이벤트는 즐겁긴 하지만 자기만족에 그칠 수도 있습니다. 오히려 지역통화처럼 실질적이고 지속성 있는 매개와 도구가 필요합니다. 새로운 커뮤니티도 생겨나고 일거리도 만들 수 있습니다. 생태마을과 트랜지션 타운도 전망이 밝다고 생각합니다. 다만 '일거리 창출'로 이어지지

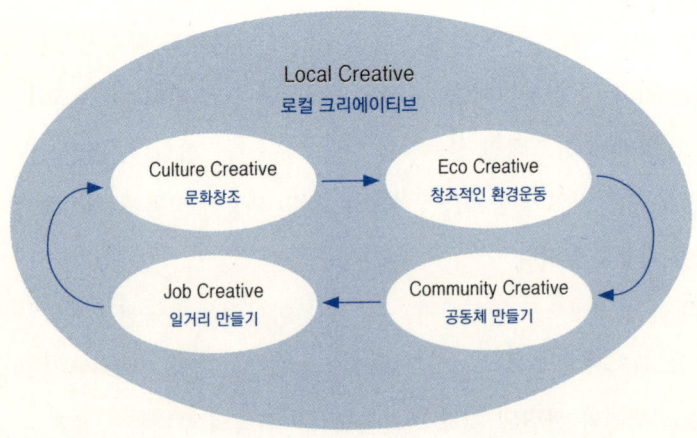

　않는 운동은 '개념 있는 중산층'의 동호회 수준에 머물 수 있다는 점을 염두에 두시기 바랍니다.

　여성과 아이들을 중심으로 여러 가지 활동이 시작되는 경우도 많습니다. '100만인의 캔들 나이트'가 대표적인 예입니다. 2003년 여름 하지에 첫 번째 행사가 시작되었습니다. 밤 8시부터 10시까지 전등을 끄고 촛불을 밝히며 지구와 평화와 사랑에 대해 이야기합니다. 이날 일본에서만 500만 명이 참가했다는 신문 보도가 있었습니다.

　'지구의 날Earth Day' 행사는 전 세계에서 2억 명의 사람들이 5,000군데가 넘는 장소에 모여 지구를 보호하자는 의식을 공유합니다. 기득권층에게만 맡겨 놓을 수 없다고 생각하는 이들이 모여 행동을 시작했습니다.

　이런저런 단체에 속해 환경보호 운동에 참여하는 사람이 일본에만 265만 명이나 됩니다. 이런 사람들이 세상을 바꿔나갈 수 있습니다. 그리고 지역을 크리에이티브 선순환으로 유도할 수 있습니다.

> **Check Point**
> 43. 네 가지 '크리에이티브'가 지역에 선순환을 낳는다.
>   = 문화, 생태, 일거리, 커뮤니티.

3만엔 비즈니스, 에너지와 돈이 필요없는 생활

3부

나스의 비전력공방

2007년 여름, 저는 도치키 현 나스마찌로 이사하여 '비전력공방'을 오픈했습니다. 이곳은 일반인들의 견학을 허용하는 작은 테마파크입니다. 많은 분들이 와서 보시고 두 가지를 느끼셨으면 합니다. 하나는 '에너지와 돈을 쓰지 않고도 실현 가능한 풍요로운 삶이 있다.'는 것과 '스스로 할 수 있는 일이 매우 많다.'는 것입니다. 아직 목표 대비 완성도는 30% 정도에 불과하고 최종 목표에 도달하려면 몇 년이 더 걸릴지도 모릅니다. 그동안 3,000명 이상이 방문하셨는데, 돈이 많으신 분들은 시시하다는 반응을 보이셨지만 대부분의 분들은 이곳에서 벌어지는 일들을 보고 즐거운 놀라움을 표시했습니다. 앞으로의 삶에 큰 격려가 되었다는 분도 많이 있었습니다.

나스에 있는 '비전력공방'

20만엔으로 비전력 왕겨 단열주택 짓기

'동료와 시간과 체력'만 있으면 예쁘고 튼튼하고 건강에 무해하며 에너지도 적게 사용하는 집을 아주 저렴한 비용으로 만들 수 있다고 호언장담한 적이 있습니다. 2009년 10월 도쿄 히비야 공원에서 매년 열리는 생태·유기농 이벤트인 '흙과 평화의 축제'에서 한 말입니다. 돈이 없으니 집을 살 수 없고, 돈과 집이 없으면 행복한 인생이 불가능하다고 생각하는 젊은이들에게 희망을 주고 싶어서였습니다. "내일부터 시작할 테니 완성되면 꼭 구경하러 와주세요. 완성된 집을 보면 모두 용기를 낼 수 있겠죠. 돈이 별로 없어도 친구와 시간과 체력만 있으면 집은 얼마든지 만들 수 있습니다."라는 제 말에 300명 가까운 청중들이 기립박수를 쳐주셨습니다.

'비전력 왕겨 단열주택'이라고 이름 붙인 이 집은 네 명의 '비전력공방' 제자들이 만들었습니다. 이 제자들은 '비전력공방'에 살기 시작한지 석 달 밖에 안 된, 목수 경험은 전혀 없는 친구들입니다. 집의 설계는 또 다른 제자이자 건축가인 후지와 히로시 씨의 도움을 받았습니다. 단열재로는 농가에서 공짜로 얻을 수 있는 왕겨를 사용했고, '비전력공방' 부지의 흙으로 내부와 외부를 미장했습니다. 화학제품은 전혀 사용하지 않았으며, 삼각형 패널을 조립한 '돔 하우스' 구조이기 때문에 지진이 발생해도 끄떡없을 정도로 견고합니다.

냉난방과 환기와 습도 조절에 에너지를 사용하지 않아도 쾌적한 실내 환경을 유지하기 때문에 '제로 에너지 하우스'라고도 부릅니다. 왕겨를 이용한 단열 외에 몇 가지 비전력 기술을 더했습니다.

비전력 왕겨 단열주택 내부					비전력 환기구

그중 하나가 비전력 환기구입니다. 필요한 재료는 B5용지 사이즈의 나무판, 4m 정도의 나일론 끈, 8cm 길이의 스텐리스 스프링뿐입니다. 나일론의 습도 변화에 따른 신축성을 이용한 구조입니다. 습도가 높으면 닫히고 건조하면 열립니다. 당연히 전기는 사용하지 않고, 구조가 간단해서 내구성이 높으므로 50년은 사용할 수 있습니다. 재료비는 120엔. 초등학생도 만들 수 있는 간단한 구조입니다. 덕분에 실내는 늘 신선한 공기가 돌고 습도도 적절히 유지되어 제습기가 필요없습니다. 당연히 곰팡이나 세균 번식을 걱정하지 않아도 됩니다. 유해한 화학물질로 만들어진 재료를 사용하지 않았으므로 이 집에 사는 아이들이 알레르기나 아토피에 시달리는 일은 절대 없을 겁니다.

얼마 전 일본에서 전기 센서로 작동하는 자동 환기구가 출시된 일이 있습니다. 센서, 마이크로 칩, 구동자acturator를 사용한 하이테크 제품이었습니다. 가격은 수만엔이고, 센서를 작동하기 위해 24시간 전기를 사용합니다. 현재의 기술로 이런 제품의 내구성은 5년 정도입니다.

'비전력 왕겨 단열주택'을 짓는데 4주가 걸렸습니다. 재료비는 20만엔. 목수 경험이 전혀 없는 제자 네 명의 작품입니다. 워크숍 형태로 연인원 70명 정도가 파트타임으로 참가해주었으므로 굳이 따지자면 네 명이 5주간 일한 셈입니다. 완성하고 몇 해가 지났지만, 여름에는 아무리 더워도 실내가 서늘하고 겨울에는 장작스토브로 난방을 하면 제법 따뜻합니다. 장마철에도 곰팡이가 피는 일은 없습니다. 건축전문가를 포함하여 1,000명 넘는 분들이 이 집을 견학하고 모두 놀랐습니다. 예쁘고 튼튼하고 건강에도 좋으며 에너지도 적게 사용하는 집을 공짜나 다름없는 저렴한 비용으로 만드는데 성공했으니 말입니다.

비전력 왕겨 단열주택

15만엔으로 만든 비전력 목욕탕

제자들에게 목욕탕도 만들게 했습니다. 왕겨 단열주택 건축 때와 상황은 별반 다르지 않았습니다. 세 명이 작업을 했고 그 중 목수 경험이 약간 있는 친구가 포함되었다는 것 정도가 차이라면 차이입니다.

설계는 제자들이 보는 앞에서 직접 세 시간 만에 해냈습니다. 설계 공부를 위한 과정이었습니다. 다다미 4장 반 크기인데 2×4 공법_{투바이포 공법. 정식 명칭은 '경량목조 공법'으로 2인치×4인치 면적의 각재 등 크기가 표준화된 여섯 개의 주요 목재를 사용하여 저비용으로 빠른 시간 내에 목조 건축물의 설계와 건축이 가능함.}을 사용했기 때문에 아마추어가 만들었지만 지진도 견딜 수 있을 만큼 튼튼합니다. 10㎡ 이하여서 건축 허가를 따로 받을 필요도 없습니다.

목욕물을 데울 때는 태양열을 이용합니다. 날씨가 흐려서 볕이 부족하면 쓰레기를 소각하거나 장작을 사용하면 됩니다. 시골에서는 목욕 물 데우는 정도의 장작은 어렵지 않게 구할 수 있습니다. 재료비로 15만엔이 들었고 연료비는 공짜인 셈입니다. 일본 전통 가마솥 욕조 스타일로 만들었습니다. 물론 중고품을 사용했습니다.

태양열 온수기를 전문업자에게 맡기면 50만~70만엔 정도의 비용이 듭니다. 새 가마솥 욕조는 20만엔, 가마를 설치하는 공사비 50만엔, 수도 공사비 30만엔…… 이런 식으로 총 380만엔이나 드는 목욕탕을 단돈 15만엔에 만들었습니다.

전체 공정은 제자들에게 기술 지도하는 시간까지 포함해서 3주가 걸렸습니다. 태양열 온수기는 재료를 공구상에서 구입해서 제작했고 수도 공사, 저탕조 공사, 타일 공사 등 하나부터 열까지 모두 제자들이 직접 했습니다. 중고 가마솥 욕조도 고철 수준이었기 때문에 수선을 했습니다. 지금도 볕이 좋은 날은 하루에 두 번 정도 물을 데울 수 있습니다.

비전력 목욕탕

비전력 목욕탕 내부

15만엔으로 지은 비전력 스트로베일 B&B

'비전력공방' 2기 제자 네 명이 2010년 9월부터 스트로베일 B&B 만들기 프로젝트를 시작했습니다. 네 명중 한 명은 휴학 중인 스물 한 살의 여대생이고, 나머지 세 명은 30대 초반의 남성이었습니다. 네 명 모두 목수 경험은 전혀 없었습니다. 예산은 재료비 15만엔, 일정은 한 달이었습니다. 다들 아마추어지만 '적당히'는 용납되지 않았습니다. '동화 속 그림 같은 집'이 목표였으니까요.

스트로베일 B&B는 짚단을 30cm 두께의 블록베일으로 만들어 벽체로 사용했습니다. 볏단, 메밀, 갈대 등 뭐든지 짚단을 묶어 압축하면 '베일'이 만들어집니다. 벽에는 안팎으로 흙을 바르고 마지막에 석회나 규조토로 미장을 해서 마무리합니다. 그렇게 하면 벽 두께가 40~60cm로 매우 두꺼워집니다. 이렇게 만들어진 벽은 살아서 숨을 쉬는 것처럼 겨울에는 따뜻하고 여름에는 시원합니다. 뿐만 아니라 짚과 흙으로 벽을 자유롭게 성형할 수 있기 때문에 아름답고 풍부한 곡면을 살리거나 부조를 집어넣어 멋지게 꾸밀 수 있습니다. 자연 소재만 쓰기 때문에 아토피나 알레르기 등 건강에 해를 끼칠 염려가 없는 건 물론입니다.

스트로베일 B&B 건축은 사람들을 모아서 워크숍 형태로 진행하는 경우가 많습니다. 사회에서의 지위나 손익 관계를 떠나 함께 동등한 입장에서 작업하고 어릴 적 추억을 떠올리며 흙장난하듯 일을 하다보면 어느새 모두 친구가 됩니다.

마침내 완성된 스트로베일 B&B는 육각형 구조에 실내는 다다미 8장

정도 크기입니다. 스트로베일, 흙, 석회로 된 벽체에 지붕과 천장의 단열은 왕겨를 이용했습니다. 지붕은 갈대를 씌워서 마감했습니다. 육면체의 벽 중 네 곳에 스트로베일+흙+석회를 이용한 벤치 겸 침대를 설치했습니다. 작은 다락침대도 있어서 모두 다섯 명이 머물 수 있습니다. 집의 기초로 설치한 나무 데크가 조그만 테라스도 제공하므로 날씨가 좋으면 바깥에 앉아 느긋하게 커피를 마시며 연못을 내려다 볼 수 있습니다.

'동화 속 그림 같은 집' 만들기 프로젝트는 이렇게 성공했습니다. 시간과 친구, 체력, 약간의 기술만 있으면 누구나 할 수 있습니다.

비전력 스트로베일 B&B

비전력 스트로베일 B&B 내부

10만엔으로 만든 비전력 바이오 화장실

생태주의나 환경에 관심이 있는 분들은 바이오 화장실에도 관심이 많습니다. 인간의 대소변 자체가 훌륭한 자원이라는 사실을 알고 있고, 에너지와 물을 많이 사용하는 수세식 화장실은 낭비라는 인식도 있기 때문입니다. 물로 씻어 내려서 눈에 보이지 않는 곳으로 운반해 가도 결국 최종적으로 재처리가 필요하다는 걸 알고 있습니다.

바이오 화장실은 물을 사용하지 않고 미생물로 대소변을 분해해서 유기비료로 만들기 때문에 일석이조입니다. 이런 장점에도 불구하고 일본의 바이오 화장실 보급률은 아주 낮습니다. 일반 가정은 100여 채뿐이라는 통계도 있습니다. 여러 가지 이유가 있는데, 겨울에 날씨가 추워지면 미생물의 활동력이 약해지므로 미생물을 돕기 위해 화장실 난방이 필요하다는 것과, 미생물의 활동을 활성화하기 위해 변을 잘 섞어줄 필요가 있다는 게 가장 큰 문제입니다. 난방과 변을 섞기 위해서 전기를 사용하는 경우가 많아 바이오 화장실의 의미가 반감됩니다. 미생물이 싫어하는 소변을 대변과 분리하는 것도 간단치가 않습니다. 여담이지만 백인들은 생리적으로 대소변을 동시에 보는 게 불가능하기 때문에 이런 점은 유리한 것 같습니다. 변을 퇴비장으로 이동하는 일도 누군가 해야 하는데, 이는 대부분의 사람들이 꺼리는 일입니다. 이미 미생물이 분해해서 냄새가 별로 나지 않지만 선입견 때문이겠죠.

이 문제를 기술적으로 해결하기 위해 비전력 바이오 화장실을 만들어 봤습니다. 우선 겨울철 난방은 태양열을 사용합니다. 겨울에 영하 40도까지 내려가는 몽골에서도 사용했으므로 다른 곳도 문제가 없습니다. 변을 섞기 위해 핸들을 달아놓았으므로 약간만 수고하면 됩니다. 대소변을 따로 받기 위해 좌변기를 인간의 신체에 맞게 살짝 비틀어서 설계했습니다. 분해통도 운반하기 쉽게 만들어서 흙과 섞어 퇴비장으로 나르기만 하면 됩니다.

청결에 결벽증이 있는 사람들도 사용할 수 있을 만큼 깔끔하고 예쁜 바이오 화장실을 3주 동안 10만엔을 들여서 완성했습니다.

비전력 바이오 화장실

15만엔으로 만든 비전력 온실

'비전력공방'이 있는 나스마찌는 고원지대여서 겨울에는 무척 춥습니다. 12월에서 2월까지는 본관 건물 앞 연못이 밤마다 얼고, 11월부터 4월까지는 장작스토브를 때야 합니다. 텃밭에서 채소를 키울 수 있는 기간도 5월부터 11월까지 7개월뿐입니다. 나머지 5개월은 농한기입니다.

이 5개월 동안 돈과 에너지를 사용하지 않고 채소를 키울 수 있는 방법이 없을까 궁리 끝에 생각해낸 게 비전력 온실입니다.

벽과 바닥의 단열은 왕겨를 사용하고, 남쪽 벽 상부와 천정은 이중 유리와 폴리카보네이트 판을 사용합니다. 볕은 들어오지만 적외선은 차단하는 게 핵심입니다. 방사냉각으로 적외선이 빠져나가면 실내 온도가 떨어지기 때문입니다.

남쪽 벽 바깥 하부와 북쪽 벽 안쪽 표면에는 태양열을 흡수하기 좋은 검은 양철판을 붙였습니다. 양철판 안에는 잠열 축열재라고 부르는 특수 축열재가 들어 있습니다. 이 축열재는 섭씨 40도 이상에선 액체, 40도 미만에서는 고체가 됩니다. 열을 저장하거나 방출하면서 주위 온도를 늘 40도로 유지하는 역할을 합니다. 이 원리를 이용해 겨울에도 채소를 온실에서 키울 수 있습니다.

설계는 딱 두 시간 걸렸고 3주 만에 제자 세 명이 완성했습니다. 저를 포함해서 건축 전문가는 아무도 없었지만 2×4 공법을 사용하면 견고한 설계가 가능합니다. 재료비 15만엔이 들었는데, 유리 가격이 5만엔이었습니다. 중고품을 사용한다면 10만엔으로도 충분할 것 같습니다.

비전력 온실

비전력 온실 내부

비전력 냉장고 만들기

'비전력공방'에서 볼 수 있는 물건들은 모두 돈과 에너지를 많이 사용하지 않고 스스로 만들 수 있는 것들입니다. 그 중 하나가 '비전력 냉장고'입니다.

가끔 '냉장고 만들기 워크숍'을 열면 '공작실습'에 완전 문외한인 주부가 초등학생 아이의 손을 잡고 오는 경우가 적지 않습니다. 이과 출신 남성은 원칙적으로 받지 않지만, 가끔 예외적으로 참가를 허용합니다.

참가자들은 하루 종일 만든 완성품을 가지고 집으로 돌아갑니다. 재료비, 식대 등 이런 저런 비용을 고려하여 참가비를 3만엔 정도 받습니다. 참가자들에게는 이곳에서 배운 노하우를 활용하여 각자 워크숍을 열고 보다 많은 사람들에게 기술을 전수해줄 것을 부탁드립니다.

참가자 20명 중 5명이 워크숍을 열고 그 워크숍에 참가한 20명중 또 5명이 워크숍을 열면, 다섯 번만 새끼를 쳐도 1만6,000대, 그렇게 열 번 반복하면 무려 5,000만대입니다. 실현 가능성은 별로 없지만 여하튼 기분 좋은 상상입니다.

기업이 물건을 만들어 소비자에게 파는 '시장 경제'를 부정하려는 것은 아닙니다. 스스로 즐기면서 만들 수도 있다는 선택지 한 가지를 늘려주고 싶을 뿐입니다. 이런 과정을 통해 저와 같은 생각을 공유하는 사람들의 네트워크를 만들어가는 것도 목표입니다.

유기농을 중매하는 아르파 연주자

중남미의 하프라고 할 수 있는 '아르파'라는 악기를 연주하는 구라시나 마키코 씨의 새로운 시도는 '이어주기'의 좋은 예입니다. 구라시나 씨는 전국의 유기농장을 방문해서 연주회를 열고 그 대가로 유기농 채소와 곡물을 받습니다. 구라시나 씨 가족이 그걸 다 먹는 건 아니고, 도시에서 연주회를 할 때 저렴한 가격으로 판매합니다. 생산자인 농민과 유기농장을 소개하는 것도 물론 잊지 않습니다. 음악과 유기농산물을 통해 농가와 도시 소비자를 '중매'하는 게 바로 그녀의 비즈니스인 셈입니다.

쿠라시나 씨의 '오가닉 연주회' 아이디어는 스스로의 경험에서 비롯되었습니다. 건강이 점점 나빠지는 걸 느끼던 차에 손가락마저 움직일 수 없게 되었는데 병원 치료 등 백약이 무효였습니다. 좌절감에 빠져 있던 구라시나 씨는 주위의 권유로 음식을 조절하기 시작했습니다. 화학첨가물이 들어 있는 식품을 피하고 유기농 채소 위주로 식단을 바꾸자 얼마 후 거짓말처럼 몸이 회복되었습니다.

구라시나 씨는 이 경험을 통해 도시에 사는 사람들이 일상적으로 먹는 음식이 얼마나 해로운지 알게 되었습니다. 이 문제를 해결하는데 연주가인 자신이 뭔가 힘을 보탤 수 없을까 고민 끝에 나온 아이디어가 '오가닉 연주회'입니다. 작지만 큰 울림을 주는 일입니다.

나무 위에서 사는 더글라스 씨

생태운동가이자 발명가인 더글라스 퍼 씨는 나가노 현 코마가네 시 히가시이나에 있는 트리하우스에서 삽니다. 트리하우스라면 아이들이 숲속에 만든 비밀 아지트를 연상하시겠지만, 이곳은 거실과 방 두 개에 부엌까지 딸린 제대로 된 살림집입니다. 지상 2m 높이에 있으므로 바닥의 습기는 걱정하지 않아도 됩니다. 창문을 열면 숲에서 산들바람이 시원하게 불어오고 새 지저귀는 소리가 사시사철 들립니다.

산속이라 원래 시원하기도 하고 숲에서 부는 바람 때문에 냉방은 전혀 필요없습니다. 난방이나 목욕물을 데우기 위해서는 장작을 사용하므로 전기도 전혀 필요없습니다. 컴퓨터, TV, 음향기기, 조명, 물 펌프를 사용하려면 전기가 필요한데, 이것도 직접 만든 태양열 전지와 소형 풍력 발전기를 이용해서 공급합니다. 전력회사와는 인연을 맺을 일이 아예 없습니다. 더글라스 씨는 재생에너지 전문가이므로 이 정도는 식은 죽 먹기입니다.

물도 빗물을 받아 순환 재사용합니다. 정수시설 역시 해초와 수초로 된 친환경 설비로 직접 발명했습니다. 더글라스 씨가 1년 동안 설계를 했으며 52주에 걸쳐 주말마다 부부 둘이서 집을 지었습니다.

미국인이 일본의 외딴 숲속에 트리하우스를 만들어 생활한다니 신기하죠. 1951년 미국 워싱턴 DC에서 태어난 더글라스 씨는 캘리포니아 대학에서 환경공학과 아트 디자인을 공부하고 아트 힐링으로 석사를 받은 후 동양의학을 배우기 시작했다는 괴짜입니다.

23년 전 일본 기업의 태양열 발전 시스템 개발을 돕기 위해 코마가네에

왔다가 아예 '말뚝을 박았다'는 더글라스 씨는, 자신의 전문 분야인 환경 엔지니어링 기술로 풍력 발전이나 오존 살균장치 등을 개발하기도 하고 지구지킴이협회ESI, Earth Steward Institute라는 NPO를 설립해 생태 사회운동을 벌이기도 합니다. ESI는 성인을 대상으로 독특한 교육을 실시합니다. '바이오 디젤 연료' 세미나는 튀김에 사용하고 남은 폐유를 디젤 연료와 글리세린 비누로 바꾸는 방법을 가르쳐주고, 최종적으로는 스스로 만든 연료로 트랙터를 운전하게 합니다. '흙으로 부엌 만들기' 세미나에서는 벽과 싱크대를 여러 가지 방법으로 쌓아보기도 하고, '친환경 집짓기 세미나'에서는 생활하수를 해초와 그밖의 식물을 사용해서 정화하는 식물 배수처리 방법을 실습해봅니다.

집은 코마가네에 있지만, 더글라스 씨는 다른 지역은 물론이고 다른 나라와의 교류도 게을리 하지 않습니다. 매년 겨울에는 3개월 동안 네팔의 히말라야 산맥 기슭에 있는 토파니 마을에서 지내는데, 해발 1,200m의 고지대라서 엄청나게 추울 것 같지만 코마가네보다 따뜻하다고 합니다.

18년 전 처음 방문한 뒤 마음에 들어서 매년 겨울을 나게 되었다는 토파니 마을에 더글라스 씨는 또하나의 NPO를 만들었습니다. 지속가능공동체설계센터SCDC, Sustainable Community Design Centre는 일본의 ESI처럼 적정 기술을 연구하지만 목적은 약간 다릅니다. 일본에서는 과도한 에너지를 소비하고 환경을 파괴하는 산업사회로부터 벗어나기 위한 대안적 라이프스타일을 제안하고, 네팔에선 주민들의 생활수준을 향상시키면서도 환경을 파괴하지 않는 라이프스타일을 제시합니다. 결국 이 둘은 나중에 한 곳에서 만나게 될 테지만요.

토파니 마을 주민들은 환경에 부담이 적은 전통적 라이프스타일을 유지하고 있습니다. 농사도 자연농법에 의지하며, 가족과 공동체를 중시하는 생활 방식도 예전 그대로입니다. 여기에 전화와 전기, 개량된 집과 같은 편의시설만 제공되면 충분히 행복합니다.

SCDC의 독특한 활동 중에는 바이오 화장실 프로젝트도 있습니다. 더글라스 씨는 몇 년 전 학교를 개축 확장하면서 학교 청소를 열심히 하면 새로운 화장실을 만드는 자금과 기술을 제공하겠다고 주민들에게 약속했습니다.

이렇게 만들어진 화장실의 구조는 꽤 단순합니다. 좌식 화장실 세 칸과 남성용 소변기가 있는데, 배설물은 U자형 흡관과 파이프를 거쳐 박테리아에 의한 분해가 일어나는 콘크리트 보강 정화조로 들어갑니다. 정화조 내부는 물로 채우기 전에 작은 구멍이 뚫린 호스를 바닥에 넣어 공기가 잘 공급되도록 했습니다. 작은 누름돌로 이 호스를 가라앉히고, 반으로 자른 500개의 페트병을 연결해서 물 위에 띄웁니다. 선생님들은 매주 5분간 펌프를 이용해서 탱크 속으로 공기를 넣어주는 작업도 합니다.

일본의 코마가네와 네팔의 토파니 마을에서 '지구의 지킴이'를 자처하는 더글라스 씨와 미치와 씨 부부의 활동에 경의를 표하지 않을 수 없습니다.

더글라스 씨가 사는 트리 하우스

어느 부부의 행복한 귀농 스토리

도쿄가 고향인 오노데라 무쯔미 씨는 대학 졸업 후 광고회사 영업부에서 일했습니다. 도시생활과 경쟁사회에 염증을 느낀 오노데라 씨는 큐슈 지사에 발령을 받자 사가 현 미세 마을의 주말농장에서 부인과 함께 채소와 쌀을 재배하면서 귀농의 꿈을 키웁니다. 결국 1999년 서른한 살에 퇴직하고 미세 마을에 정착합니다. 오노데라 씨 부부는 자연과 함께 하는 생활과 따뜻한 이웃과의 정을 나누는 게 좋아서 자신의 농장에 '여행하는 나무'라는 이름을 붙였습니다.

우리가 흔히 듣는 스토리는, 부푼 꿈을 안고 귀농했지만 수입이 변변치 않아서 생계를 걱정하다 피로감을 느낀 나머지 부부싸움만 늘고 결국 전원생활은 파탄에 이른다는 것입니다.

그런데 두 사람의 경우는 다릅니다. 수입도 부족하지 않고, 생활도 즐겁고, 부부 사이도 좋습니다. 두 아이도 건강하게 잘 크고 사회 참여도 적극적이어서 주위사람들에게 사랑 받는 가족입니다. 두 사람의 귀농이야기는 해피엔딩입니다.

이들의 행복 비결에는 몇 가지 이유가 있습니다. 부부간의 조화가 그 중 하나입니다.

두 사람 모두 도쿄 출신이지만 전원생활을 동경해왔습니다. 이는 흔치 않은 경우입니다. 남자는 머릿속으로만 전원생활을 동경하고, 여자는 몸과 마음이 도시생활에 푹 젖어 있는 경우가 많습니다. 이런 부부가 귀농하면 '남자는 로망, 여자는 불만'으로 귀결되기 마련입니다. 가정불화를 피할 수가 없습니다. 또 부부는 괜찮아도 아이들이 시골생활을 견디지 못하는 경우도 흔합니다. 문화나 생활습관을 하루아침에 바꾸는건 불가능합니다. 천천히 공들여가면서 익숙해지도록 노력해야 합니다.

두 번째 비결은 이웃과의 조화입니다. 부부 모두 사람이 좋다보니 이웃에게 사랑받고 있습니다. '젊은 피' 오노데라 씨 가족의 이주를 열여덟 세대밖에 되지 않는 미세 마을 전체가 뜨겁게 환영했습니다. 오노데라 씨 가족의 일이라면 마을 전체가 발 벗고 나서서 도와주었습니다. 토지를 무상으로 빌려주고 서툰 농사일을 친절하게 가르쳐주는 건 기본입니다. 사가현과 후쿠오카 시의 시민단체와도 친해져서 회원들이 자기 일처럼 농장 일을 도와주었습니다. 모 심기나 벼 베기 때는 아예 온 가족이 총출동합니다.

세 번째 비결은 일찌감치 방목 양계를 주력 비즈니스로 삼은 것입니다. 500마리나 되는 닭을 좁은 닭장이 아닌 너른 뜰에 풀어놓고 키웠습니다. 이 경우는 '3만엔 비즈니스'가 아니라 완전 생계형이기 때문에 30마리 정도로는 어림없습니다. 좋은 사료를 먹이고 충분히 운동을 시키고 계분은 유기퇴비로 사용했습니다. 품질이 좋다보니 날개 돋친 듯 팔렸습니다. 일반 달걀보다 조금 비싸지만, 소비자들은 좋은 품질의 달걀을 제값을 내고 산다고 생각합니다.

네 번째는 자급자족입니다. 집과 닭장 모두 주위사람들의 도움을 받아가며 부부가 직접 만들었습니다. 아이들 옷도 직접 만들어 입힙니다. 식량은 주로 농장에서 재배한 채소와 곡물이 주가 됩니다. 지출이 적기 때문에 수입이 많지 않아도 괜찮습니다. 닭 500마리가 낳는 달걀을 친구들에게 판매 하는 것만으로도 생계가 가능합니다. 시간 여유가 있기 때문에 농한기 비즈니스로 대나무 숯 만들기도 시작했습니다. 미세 마을의 슬로푸드 모임도 열심입니다.

오노데라 씨와 아키 씨 부부의 꿈은 '여행하는 나무'가 많은 이들의 쉼터

이자 배움터이면서 네트워크의 장이 되는 것입니다. 이 부부의 귀농 스토리는 해피엔딩이 아니라 이제부터가 시작인 셈입니다.

미세마을의 오노데라 씨 가족

즐겁게 자급자족하는 부부

오오쯔까 아이 씨는 자급자족의 '달인'입니다. 오오쯔까 씨의 자급자족에 대한 철학과 실천방법은 이미 경지에 도달했습니다.

대학에서 교육학을 전공한 오오쯔까 씨는 교사의 길을 일찌감치 포기했습니다. 실제 교육 현장과 자신의 이상 사이에 간극이 적지 않다는 걸 깨달았기 때문입니다. 졸업 후 아르바이트로 생계를 유지하면서 장애인 시설이나 아시아 지역 협력관련 NGO에서 자원봉사 활동을 했습니다. 시코쿠에서 오헨로ぉ遍路, 헤이안 시대의 고승 홍법대사를 기리기 위해 시코쿠 지역의 불교 유적지 88개소를 걸어서 순례하는 의식. 총 길이는 1,200km에도 참가해봤습니다. 막연하지만 어느 순간 오롯하게 떠오른 화두는 '자연과 더불어 살아가는 단순한 삶'이었습니다. 그리고 '목수가 되고 싶다'는, 말로 설명하기 힘든 충동이 엄습해왔습니다.

젊은 여성인 오오쯔까 씨에게 '목수가 되는 길'은 쉽게 열리지 않았습니다. 대신 농사를 먼저 배우기로 결심하고 후쿠시마 현 가와마타죠에서 야마나미 자급자족 학교를 운영하는 사토 카즈오 씨 부부를 찾아갑니다. 이곳을 거쳐 오오쯔까 씨는 1999년 12월 후쿠시마 현 가와우찌 마을의 카제미 마사히로 씨마사이 씨라는 별명으로 더 유명합니다.를 찾아갑니다. 마사이 씨가 사는 일종의 히피촌인 바쿠켄진 마을은 매년 8월에 열리는 '보름달 축제'로 널리 알려져 있습니다. 그녀는 마사이 씨에게서 빈 땅을 빌려 하루 만에 본인이 거주할 인디언식 텐트인 '티피'를 만들었습니다. 심심산골에 위치한 이 마을은 전기, 수도, 가스 등 어떤 문명의 혜택도 누릴 수 없는 곳입니다.

오오쯔까 씨가 다음 단계로 착수한 일은 100m 떨어진 연못으로부터 물줄기를 끌어오는 것이었습니다. 조명은 석유램프를 사용하고, 빨래는 계곡물에서, 목욕은 드럼통을 이용했습니다. 젊은 여자 혼자서 하는 자급자족 생활은 이렇게 시작되었습니다. 한 달 동안 혼자의 힘으로 다다미 세 장 크기의 작은 집을 지었습니다. 이듬해 봄부터는 논밭도 개간하고 닭도 기르기 시작했습니다.

그러던 중 같은 지역에 사는 목수 이카리 요리미치 씨를 만나면서 본격적인 목수 수업이 시작되었습니다. 이카리 씨는 젊은 여성이 목수가 되겠다는 말에 놀라 다짐을 해두었습니다. "4~6년을 견디면서 배울 자신 있어요?" 그 말에 난생 처음 깊은 고민에 빠진 오오쯔까 씨는 일주일 뒤 마음을 굳힙니다. 2000년 6월의 일입니다.

4년간의 훈련 끝에 2004년 7월 오오쯔까 씨는 정식 목수로 인정받게 됩니다. 이 무렵 지금의 남편인 나오미키 씨가 그녀의 숲속 작은 집으로 들어옵니다. 1년 전 강연회에서 만나 첫눈에 반한 나오미키 씨의 끈질긴 구애 끝에 부부가 된 것입니다. 두 사람은 힘을 합쳐 1년 동안 번듯한 새집을 지었습니다. 이듬해엔 장남도 태어났고요.

오오쯔까 씨의 남편 나오미키 씨는 도쿄에서 대학을 졸업한 뒤 요코하마에서 건축사무소를 운영하던 '잘 나가는' 건축가였습니다. 그런데 언제부터인가 도시에서 집을 짓는 일에 보람이나 만족감을 느끼지 못하는 자신을 발견하고 자연과 함께 하는 친환경주택에 관심을 가지게 되었습니다. 그러다 후쿠시마에서 열린 '생태적 삶에 대한 강연회'에서 우연히 오오쯔까 씨와 운명적으로 만난 것입니다. 자신이 막연히 동경해 마지않던 생활을 담담하게 실천해가고 있는 그녀의 모습에 충격을 받은 나오미키 씨는 인생의 전환점을 맞이하게 되었지요. 목수 부인과 건축가 남편 커플은 이렇게 해서 탄생했답니다.

　오오쯔까 씨는 둘째의 출산으로 잠시 쉬고 있던 목수 일을 재개하려고 합니다. 나오미키 씨는 마을의 공공시설 건축 설계를 맡고 싶어 합니다. 인구 3,000명이 겨우 넘는 산골 마을의 일거리는 많지 않습니다. 때문에 두 사람의 수입은 변변치가 않습니다. 그래도 두 사람은 충분히 행복합니다. 수입이 적지만 지출도 적기 때문에 크게 걱정할 일은 없습니다. 식량과 에너지는 100% 자급자족이고 옷도 손재주 좋은 오오쯔까 씨가 직접 만들어 입습니다. 집 앞을 흐르는 실개천에서 잡히는 산천어는 맛이 그만입니다. 자연과 함께하는 생활은 그 자체로 즐거움과 만족감으로 충만하기 때문에 따로 오락비용이 들지 않습니다. 그러니 돈 쓸 일이 거의 없는 셈입니다.

　오오쯔까 씨 부부는 자신들이 누리는 '자급자족 생활'의 기쁨을 다른 이들과도 나누고 싶어 합니다. '기술'과 '철학'이 함께 하는 깨달음입니다. '가난한 자급자족'이 아니라 '즐거운 자급자족'입니다. '자급자족 학교'가 아니라 '자급자족 마을'을 지향하는 것입니다. 두 사람이 가꾸어 나가는 미래를 상상하면 저절로 행복해진답니다.

오오쯔까 씨가 만든 태양열 목욕탕

오오쯔까 씨가 만든 태양광 발전 패널

천연 효모빵을 만드는 부부

나스마찌에는 아주 고집스런 빵집 주인이 있습니다. 그 빵집은 '브라운 마운틴 베이커리'입니다. 뭘 고집하느냐 하면, '주식으로 먹을 수 있는 빵'입니다. 가끔 심심풀이로 먹는 '간식'이 아니라 하루 세 끼 먹어야 하는 '주식'이므로, 몸에 축적되어 건강을 해치는 화학첨가물 사용은 절대로 안 됩니다. '달콤하고' '부드럽기로' 유명한 일본 빵과 과자는 다른 나라 이야기입니다.

'부드러운 빵'은 알레르기의 원인이 되기도 합니다. 빵의 주요 성분 중 하나인 전분을 분해하려면 아밀라제가 있어야 하는데, 아밀라제는 음식을 씹을 때 침샘에서 흘러나옵니다. 씹지 않고 넘긴 음식이나 전분이 장으로 보내지면 몸에 부담이 되는데, 그게 요즘 아이들이 알레르기로 고생하는 이유 중 하나라는 게 현대 면역학의 설명입니다.

주식을 지향하는 이 빵집의 빵은 달지도 않고 딱딱합니다. 꼭꼭 씹어 먹지 않으면 삼키기 힘들 정도입니다. 어쩔 수 없이 씹고 있다 보면 달콤한 맛이 배어나옵니다. 전분이 분해되면서 당류로 변환했다는 증거입니다. 이 달콤함은 '입이 즐거워하는' 게 아니라 '몸이 즐거워하는' 단맛입니다. '몸을 만드는 달콤함'이라고 오쿠나가 신이치로 씨와 마키 씨 부부는 강조합니다.

2010년 초에 개점한 이 빵집은 단골이 조금씩 늘고 있습니다. 아직 수입은 많지 않지만 이 부부는 늘 표정이 밝고 친절합니다. 대개의 사람들은 돈이 없으면 기가 죽기 마련인데 이 부부는 나름의 인생 경험으로 자신의 가치를 실현하고 행복하게 사는 방법을 터득했기 때문에 개의치 않습니다.

신이치로 씨는 대학을 졸업하고 NTT_{일본의 대형 통신회사. 한국의 KT에 해당}에 취직했습니다. 직장에서 '잘 나가는' 엘리트 사원이었지만 왠지 허망하고 보람이 없는 하루하루였습니다. 어느 날 우연히 천연 효모빵을 먹을 기회가 생겼는데 딱딱하고 맛도 없는 그 빵을 먹고 어쩐지 몸에 힘이 솟는 걸 느꼈습니다. 이처럼 '몸을 살리는 빵'을 만들어 다른 사람들에게 제공하면 어떨까? 순간적으로 결심을 굳힌 신이찌로 씨가 회사를 그만 두고 제빵 기술을 배우기 시작한 것은 스물아홉 살 때의 일입니다.

부인인 마키 씨의 이력도 만만치 않습니다. 대학시절 저축해놓은 돈으로 영국과 미국 각지를 여행하면서 패션 감각에 눈을 뜬 그녀는 패션 잡화를 수입해서 판매하는 회사를 차려 제법 성공을 거두었습니다. 그런데 호사다마였는지 사업이 번창하던 시기에 병마가 찾아왔습니다. 돈 버는 재미에 빠져 몸을 아끼지 않은 탓이었습니다. 좌절감에 빠져 요양하던 그녀는 심기일전해서 자신과 남들을 건강한 삶으로 이끄는 일을 찾기로 결심합니다. 건강을 어느 정도 회복하고 다시 여행길에 나선 그녀는 스웨덴에서 천연 효모빵을 접하고 무릎을 쳤습니다. 서둘러 귀국해 천연 효모빵 기술을 배우기 시작한 곳이 신이치로 씨와 같은 빵집인데다 시기도 엇비슷했습니다.

3년 반 동안 각고의 노력 끝에 천연 효모빵 만드는 기술을 제대로 배운 두 사람은 '맛도 좋고' '합리적'인 제빵 기술을 더 배우고 싶어서 전국에 체인을 갖고 있는 큰 회사로 옮깁니다. 그러나 그곳에서 목격한 대기업의 실상은 실망스런 것이었습니다. '맛'과 '합리성'을 추구하기 위해 손님들의 건강이 희생되어야 했습니다. 예를들면 화학첨가물을 과다하게 사용하는 것말입니다.

'맛난 간식이 아니라 일용할 양식으로써의 빵 만들기!' '상실감이 아니라 삶의 활력을 주는 일터!' 신이치로 씨와 마끼 씨는 삶의 목표를 그렇게 정하고 미국으로 떠났습니다. 제빵 기술을 더 배우기 위해서가 아니라 삶의 철학에 대한 공부를 더 하고 싶었기 때문입니다.

그들은 버몬트 주의 뼈 속까지 시려올 정도로 추운 빵 공방에서 30년 넘게 천연 효모빵을 만들어온 프랑스인 제빵 장인을 만나 영혼을 불어넣는 빵에 대해서 듣습니다. 코네티컷 주의 과테말라 출신 제빵인에게서는 일본인들이 전후의 경제 부흥 바람에 잊어버린 '헝그리 정신'을 배웠습니다. 그러는 동안 눈 깜짝할 사이에 3년이 흘렀습니다.

'철학'과 '기술'이 두루 갖추어졌다고 느낀 두 사람은 일본에 돌아와 나스마찌에 빵집을 개업했습니다. 그곳이 미국에서 지냈던 3년의 기간 중에서 대부분의 시간을 보낸 코네티컷 주와 풍광이 비슷했기 때문입니다. 가게 이름인 '브라운 마운틴'도 코네티컷 주에 살 때 고개만 들면 시야를 가득 메우던 산의 이름입니다. 늘 두 사람을 지켜보며 응원을 보내주던 그 산을 대신해서 지금은 나스의 산들이 두 사람을 지켜보고 있습니다.

브라운 마운틴 베이커리

3만엔 비즈니스, 구체적 사례들

4부

유기농 달걀 배달

달걀 가격은 신기할 정도로 싸지요. 일본의 경우 2009년 평균 가격은 개당 15엔입니다. '공장형 케이지 사육'으로 대량 생산하기 때문입니다. 공장형 케이지 사육은 창문도 없는 건물 안에 수십만 마리, 수백만 마리의 닭을 몰아넣고 생활하게 합니다. 닭이 알을 더 많이 낳도록 생리 주기를 조절하기 위해 인공조명으로 일조량도 조절합니다. 닭 한 마리가 일생을 보내는 케이지는 A4용지 한 장의 면적에 불과합니다. 콘베이어 벨트를 돌려서 생산되는 상품처럼 대량의 달걀이 매일 이런 '달걀 공장'에서 생산됩니다. 값싸게 생산되고 대량으로 소비됩니다.

전통적인 방법으로 마당에 놓아 키운 닭이 낳은 유기농 달걀은 다소 비싸지만 나름대로 잘 팔립니다. 건강하고 신선하기 때문입니다. 콜레스테롤 걱정 없이 먹을 수 있습니다. 안심할 수 있는 먹을거리라면 조금 비싸도 주머니를 여는 소비자들이 있기 때문입니다.

'유기농 달걀 한 판 비즈니스'를 생각해볼만 합니다. 암탉을 30마리 가량 방사 사육합니다. 10평 정도의 뜰을 확보해서 닭을 풀어놓고 들짐승들의 습격을 막을 수 있는 울타리도 쳐줍니다. 자유롭게 출입할 수 있는 닭장도 준비하고 에너지를 사용하지 않으면서 여름에는 시원하고 겨울에는 따뜻한, '패시브 솔라' 기술을 활용한 냉난방 설비도 잊지 않도록 합니다.

모이는 영양 균형이 맞게 하고 별도로 돈이 들지 않도록 잔반을 사용합니다. 알을 낳는 닭은 하루 60g 정도의 먹이를 소모합니다. 매년 체중의 10배나 되는 달걀을 낳다보니 생각보다 먹보입니다. 30마리라면 하루

1.8kg의 모이가 듭니다. 1인당 평균 잔반량이 하루 0.3kg이라고 가정하면 여섯 명분이면 됩니다. 4인 가구 기준으로 따지면 좀 부족하겠죠. 그런데 이런 점이 '3만엔 비즈니스'의 매력입니다. 겸업이나 친구들 간의 상호 협력을 촉진하기 때문입니다. 만일 유기농 식당을 겸업하고 있다면, 음식 쓰레기를 닭 사료로 재활용할 수 있으니 일석이조입니다. 또 세 명이 그룹을 만들어서 그중 한 명이 유기농 달걀 비즈니스를 한다면, 세 가구의 음식 쓰레기를 모아 모이로 사용할 수 있습니다. 물론 도움을 받은 분도 다른 친구들의 '3만엔 비즈니스'를 어떤 방식으로든 돕겠죠.

좋은 달걀을 얻기 위해서 잔반도 좋은 음식에서 나온 것만 모이로 사용하고 영양 균형도 신경을 씁니다. 그 외에도 중요한 것은 닭이 스트레스를 받지 않도록 하는 것입니다. 개당 50엔, 하루 20개, 한 달이면 600개를 5~10명의 친구들에게 배달합니다. 신문처럼 매일 갖다 줘도 좋고, 10~20개 단위로 배달해도 됩니다. 딱 월 3만엔입니다.

50년 전에는 대부분의 가정에서 닭 10마리 정도 키우는 건 기본이었습니다. 별로 수고롭지도 않고, 아이들이 닭과 어울려 마당에서 뛰노는 광경도 보기가 좋았습니다. 30마리를 키우는 것이나 10마리를 키우는 것이나 손이 가는 정도는 비슷합니다.

이런 비즈니스 모델은 도시 소비자를 겨냥하여 교외지역에서 하면 좋을 듯합니다. 시골에서는 50엔짜리 달걀을 사 줄만한 사람은 별로 없을 테니까요. 사회 활동이나 문화 활동과 연계해서 소비자를 확보하는 것도 좋습니다. 좋은 달걀의 가치를 알아주는 친구나 동료를 5~10명 확보하는 건 그다지 어렵지 않을 것입니다.

30마리 계분의 건조 하중은 연 200kg정도인데, 이것을 잘 발효시키면 질소 5.3%, 인산 4.1%, 칼륨 1.5%를 포함한 최상급 유기농 비료가 되니다. 채소나 곡물도 자급자족하는 사람이라면, 이 비즈니스는 일석이조인 셈입니다. 4인 가족의 채소와 곡물을 재배한다면 건조계분 200kg과 초목탄 200kg칼륨 5.3% 함유으로 충분합니다. 이 정도 건조 계분을 구매하려면 족히 4,000엔은 들 터이니 그 만큼 절약이 되는 겁니다.

건강과 환경에도 좋고, 닭도 행복하고, 그야말로 '3만엔 비즈니스'의 정신에 딱 맞습니다.

'비전력공방'의 패시브 솔라 닭장

유기농 달걀 배달

▶ 방목한 닭이 낳은 달걀(개당 50엔)을 하루 20개 판매
  50엔×20개×30일=월 3만엔

▶ 고객은 도시 거주민 5~10명
  사회참여 활동이나 문화 활동을 함께하는 동료와 친구들

▶ 키포인트
  1. 방목 사육한 닭이 낳은 양질의 달걀
  2. 좋은 음식에서 나온 잔반을 모이로 사용
  3. 여름에는 시원하고 겨울에는 따뜻한 닭장을 스스로 제작
  4. 교외에서 닭을 키우고 인접한 도시민을 대상으로 판매
  5. 닭똥은 유기비료로 사용

자동차 배터리 재활용 비즈니스

　자동차에 사용하는 배터리_{납축전지}의 평균 수명은 2~3년입니다. 수명이 다하면 1만엔 정도 들여서 새 배터리를 구입합니다. 버려진 배터리는 재활용이 가능합니다. 그런데 재활용 장비가 500만엔 정도의 고가이다 보니 아무도 재활용 서비스 따위의 비즈니스는 생각하지 않습니다. 하지만 만일 이 장비가 5만엔 정도라면 전혀 다른 얘기가 됩니다. 이 정도면 아프리카에서도 사업이 가능합니다. 실은 '비전력공방'에서 만든 장비를 사용해서 나이지리아의 세 개 도시와 몽골의 울란바토르에서 이미 영업 중입니다.

　5만엔에 자동차 배터리 재활용 장비를 구매했다고 합시다. 주위의 친분이 있는 400명에게 신제품의 반 가격으로 재활용해주겠다고 광고를 합니다. 400명 중 216명이 고객이 됐다면 3년에 한번 교체한다고 치면, 한 달에 여섯 명, 한번 작업에 5,000엔으로 월 3만엔 수입이 됩니다.

　작업은 아주 간단합니다. 장비에 배터리를 연결하기만 하면 됩니다. 한 시간 단위로 상태를 체크하면서 하루나 반나절이면 재활용이 완료됩니다. 시간과 장소도 넉넉할 테니 따로 비용이 들 것도 없습니다. 다른 비즈니스와 겸업도 가능합니다. 작업하는 동안 기다릴 수 없는 고객에게는 이미 재활용이 되어 있는 배터리를 빌려주어서 서비스 시간 제약도 없애고 겸업하고 있는 자신의 다른 비즈니스에도 방해가 되지 않도록 합니다. 5만엔 정도면 몇 명이 공동 소유하는 것도 가능합니다.

　일본에 운행 중인 자동차는 8,000만대 가량 됩니다. 모든 차는 배터리가 필요하고 2년 정도면 교체가 필요합니다. 매년 일본에서만 4,000만개의 배터리가 버려진다는 이야기입니다. 그것들은 일본에서 재활용되지 않고 주로 중국으로 수출되는데, 폐기물 수출은 바젤협약 위반이라서 중고품 명목으로 건너간다고 합니다.

중국에 도착하면 사용 가능한 제품과 사용 불가 제품으로 분류해서 전자는 중국에서 사용하고 후자는 아프리카로 재수출한다고 합니다. 아프리카에 가면 이렇게 중국을 거쳐 아프리카로 재수출되어진 일본산 배터리가 산더미처럼 쌓여 있는 광경을 종종 볼 수 있습니다.

자동차 배터리는 플라스틱과 환경에 유해한 납과 황산으로 가득 차 있습니다. 이를 재활용하는 '3만엔 비즈니스'는 사소하지만 환경에도 도움이 되는 착한 일입니다.

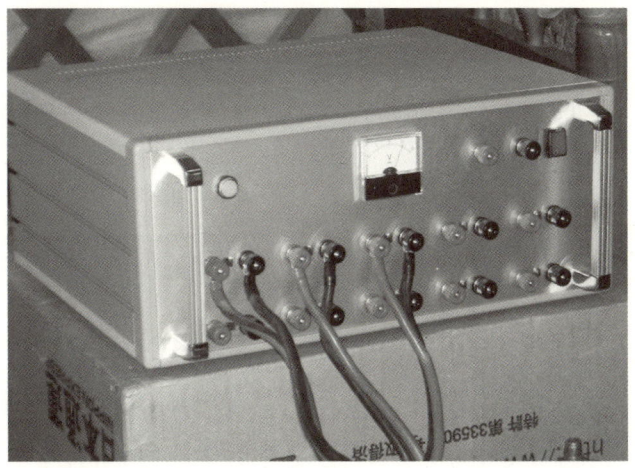

자동차 배터리 재활용 장비

자동차 배터리 재활용 비즈니스

▶ 사용할 수 없게 된 배터리를 매달 6개(개당 5,000엔) 재활용해준다.
  6개×5,000엔=월 3만엔

▶ 고객은 216명. 배터리를 3년에 한번 교체한다면 년 간 72명꼴

▶ 키포인트
  1. 신제품 배터리의 반값에 재활용
  2. 500명 정도의 친구에게 연락해서 사용 중인 배터리에 전화번호가 적힌 스티커를 붙이게 한다.
  3. 임시 배터리도 준비해서 시간 제약을 없앤다.
  4. 재활용하면 환경에도 좋다는 의식 공유

왕겨 단열재 비즈니스

왕겨는 단열재로 사용하기에 매우 훌륭한 소재입니다. 자세한 내용은 121페이지 참고. '3만엔 비즈니스' 사업자는 왕겨 단열패널의 재료와 도구를 쌀 재배 농가에 대여합니다. 쌀 재배 농가는 수확기에 정미하고 나온 왕겨를 저장해 놓았다가 농한기에는 패널을 만들어 놓을 수 있습니다. 건축업자는 집을 신축할 때 사업자에게 발주하면 사업자는 건축 현장 근처의 농가에 주문을 하면 됩니다. 주문을 받은 농가에서는 패널을 현장까지 운반합니다.

결과적으로 건축업자는 값도 싸고 주거인의 건강에도 문제를 일으키지 않는 왕겨 단열재를 사용할 수 있습니다. 농가는 농가대로 '농한기에 시급 1,000엔 이상' 부수입이 생기고, 사업자도 '3만엔 비즈니스'로 삼게 되니 윈·윈·윈 시나리오입니다.

이런 환상적인 이야기가 가능한 이유는 두 가지입니다. 우선 건축업자와 쌀 재배 농가라는 생산자들을 직접 묶어준 것. 또 한 가지는 왕겨 단열패널의 생산, 재고관리, 운송까지 모두 농한기의 쌀 재배 농가가 직접 수행한 것입니다. 겸업의 묘미가 여기 있습니다.

왕겨 단열패널은 제조가 간단합니다. 폴리에틸렌 용기 속에 사각형 플라스틱 판 두 장을 넣고 일정 간격을 유지하도록 끈으로 연결한 후에 소석회와 쌀겨를 집어넣고 봉합니다. '비전력공방'의 사소한 발명품입니다만, 특허 사용료는 받지 않습니다.

왕겨 단열패널은 목수들이 사용하기 좋게 세 가지 치수로 만듭니다. 완성품은 1㎡당 600엔 정도에 판매할 수 있습니다. 단열재로 많이 사용되는 글라스울두께 10cm, ㎡당 중량 10kg보다 저렴합니다.

  플라스틱판과 폴리에틸렌 봉투는 1㎡당 200엔으로 하고, 농가의 임금을 1㎡당 300엔이라고 하면 시간당 네 개를 만든다고 할 때 농가에게는 시급 1,200엔의 일거리가 됩니다. 여기서 남는 100엔이 '3만엔 비즈니스' 사업자의 수수료라고 하면, 한 달에 300㎡를 판매해서 월 3만엔 수입을 맞출 수 있습니다. 대략 한 달에 집 한 채분 주문이 들어오면 충분히 가능합니다. 건축업자 세 명, 목수 여섯 명 정도를 거래 선으로 확보하면 딱 좋습니다.

  요새 주택 단열재로 쓰이는 소재는 대부분 글라스울인데 발암물질로 알려져 있습니다. 유리섬유와 우레탄 소재로 되어 있어 폐기물을 재활용할 수 없고 매립대상입니다. 이런 유해물질이 출하기준으로 일본에서만 연간 2,010억엔 정도의 시장을 형성하고 있습니다.

  왕겨 단열재를 사용하면 건강과 환경문제에 대한 염려도 줄어듭니다. 생산자와 소비자 모두가 행복해지는 비즈니스는 환경에 관심이 많은 소비자를 중심으로 사회운동 차원에서라도 적극적으로 추진해 볼만합니다.

왕겨 단열재

왕겨 단열재 비즈니스

▶ 왕겨 단열재 생산, 재고, 배달을 농가에 위탁
  농가의 노동임금 = 300엔/㎡
  농가의 시급 = 300엔/㎡ × 4㎡/시간 = 1,200엔/시간
  100엔/㎡ × 300㎡/월 = 월 3만엔

▶ 고객은 환경에 관심이 많은 건축주, 건축업자, 목수. 한 달에 집 한 채분 정도 공급

▶ 키포인트
  1. 농한기에 농가의 일손과 설비를 사용해서 생산, 재고관리, 배송까지 해결
  2. '왕겨 단열재 사용하기 운동'과 연계
  3. 친환경 건축업자, 목수와 연계

불춤 출장 퍼포먼스

나스시오바라 시에 사는 야마시타 다카시 씨는 '불춤'의 달인입니다. 막대의 양끝에 감은 솜덩어리에 불을 붙여서 자유롭게 돌리면서 춤을 춥니다. 야마시타 씨는 '화이어 포이Fire Poi'에도 능합니다. 화이어 포이는 뉴질랜드 원주민들의 전통의식에서 유래한 것으로 줄 양쪽 끝에 불덩이를 달고 돌리는 기예입니다.

'애들 불장난?'이라고 생각하실지 모르지만 야간 이벤트에서는 박력 있는 춤과 어우러져 가슴을 두근거리게 하고 피를 끓어 오르게 하는 환상적 분위기를 연출합니다. 매년 나스에서 진행하는 지구의 날Earth Day 행사의 대미를 불춤으로 장식해서 모두가 열광한 적이 있습니다.

야마시타 씨의 부인 미나 씨의 꿈은 빵집 운영이어서 3년째 마을의 빵집에서 기술을 배우고 있습니다. 곧 개업을 앞두고 있는 터라 매일 아침 5시 기상, 6시 출근, 저녁 퇴근의 강행군을 하고 있습니다.

미나 씨를 대신해 세 살과 다섯 살 된 아이를 돌보기 위해 야마시타 씨는 오랫동안 일하던 자동차 회사를 그만두고 육아에 전념하면서 저녁에 네 시간 정도 불춤 출장 공연을 합니다. 얼마 전엔 빵을 굽는 벽돌 오븐도 스스로 만들었고 빵 굽는 작업장 건물도 직접 짓고 있습니다. 셀프빌드이기 때문에 재료비 20만엔이 비용의 전부입니다. 초기엔 주문배달 위주의 무점포 판매로 영업을 시작하고, 나중엔 매장도 직접 만들 예정입니다. 작지만 예쁘고 따뜻한 느낌을 주는 가게를 짓고 싶어 하는 야마시타 씨 부부의 꿈이 이루어질 날도 멀지 않았다고 믿습니다.

야마시타 씨의 공연 출장비는 '1만5,000엔+주유비'입니다. 거리공연처럼 관객들의 즉석모금도 받습니다. 실은 '1만5,000엔+주유비'를 맞추기 위해 관객모금의 차액을 주최 측이 지불하는 방식으로 늘 일정한 금액만 받습니다. 관객모금이 이를 초과하면 주최 측에 돌려줍니다. 관객들은 흔쾌히 100엔~1,000엔을 내기 때문에 주최 측은 약간만 부담하면 됩니다. 평균 월 2회 출장을 하면, '3만엔 비즈니스'가 됩니다.

한 달 2회, 연간 24회, 그 정도 잠재 수요는 주위에 제법 있지만 관건은 인지도를 높이는 일입니다. 이벤트 주최자들이 모이는 행사에서의 공연, 지역 마당발인 사람들과의 친교, 미디어의 취재 대상 되기 등 효과적인 방법들이 있습니다. 10여 번쯤 공연 경험이 쌓이면, 제법 알려져서 공연 요청이 끊임없이 들어오게 됩니다.

야마시타 씨는 자연과 평화를 사랑하는 착한 사람입니다. 관련 이벤트에 야마시타 씨를 자주 불러서 이벤트도 즐겁게 하고 야마시타 씨의 친구가 되면 좋겠죠.

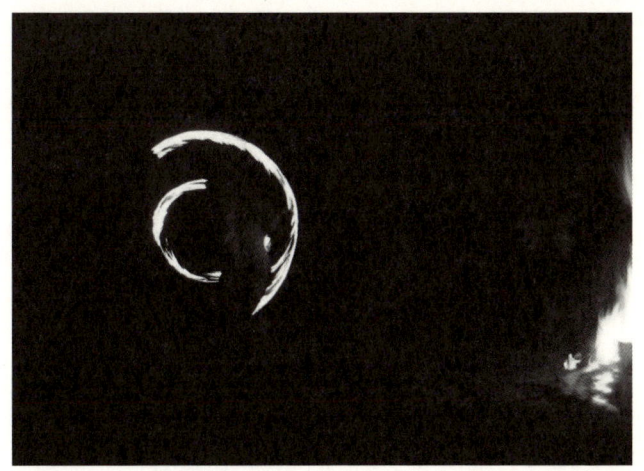
불춤, 화이어 포이

불춤 출장 퍼포먼스

▶ 불춤(화이어 포이) 출장 공연
1만5,000엔×2회/월=월 3만엔

▶ 고객은 이벤트 주최자

▶ 키포인트
1. 환상적이고 박력 있는 불춤과 화이어 포이
2. 한달 평균 2회로 한정
3. 고객 즉석모금에서 부족분은 주최자가 부담
4. 이벤트 주최자들에게 인지도를 높인다.

오가닉 마르쉐, 유기농 채소시장

나스마찌에 사는 고야마 히로코 씨가 운영하는 '3만엔 비즈니스'는 '오가닉 마르쉐'입니다. '마르쉐'는 프랑스어로 '시장'이란 뜻이니까, '유기농 채소시장'이라는 뜻입니다. 고야마 씨는 나스의 '지구의 날' 실행위원장도 겸하고 있는 활동적이고 '착한 일'하기를 즐기는 젊은이입니다. 같은 실행위원인 하마구치 씨 부부가 운영하는 유기농 레스토랑 '아워즈 다이닝Ours Dining'의 앞뜰을 무료로 빌려서 월 2회 오가닉 마르쉐를 운영합니다.

주로 유기채소를 재배하는 동료들이 물건을 팔러 나옵니다. 열 개 점포만 받고, 점포 당 매회 1,500엔씩 출점 수수료를 냅니다. 다른 5일장의 절반 금액입니다. 이렇게 하면 오가닉 마르쉐는 '3만엔 비즈니스'가 됩니다. 이 수입 내역은 점포를 내는 사람과 오가닉 마르쉐의 고객 모두에게 공개합니다.

일본은 농촌에 가까운 지방도시의 역 앞에서 이런 주말시장을 쉽게 볼 수 있습니다. 그런데 이런 곳에서 농산물이 무농약으로 재배됐음을 광고하는 건 금기입니다. 관행농법으로 농약을 사용하는 다른 농가들의 눈치를 보기 때문입니다. 무농약 유기농 재배농가만을 위한 전용매장을 마련하고 싶었던 게 고야마 씨가 오가닉 마르쉐를 생각해낸 동기입니다.

여기서 장소는 공짜로 임대할 수 있어야 한다는 게 중요한 전제조건입니다. 만일 임대료가 1만5,000엔쯤 한다면 고야마 씨는 수수료를 두 배로 받든지 가입점포 수를 두 배로 늘려야 합니다. 이렇게 하면 파는 사람이나 사는 사람들 모두 오붓하게 가족적인 분위기의 네트워크를 만들어 영업하자는 원래 취지에서 동떨어지게 되죠.

한 달에 두 번 정도 노는 땅을 빌려 주는 것이니 하마구치 씨 부부 입장에서도 별로 부담될 게 없습니다. 레스토랑이 유기농가나 유기농 식품소비자들과 자연스럽게 연결되는 효과도 있습니다. 유기농 채소를 떨이로 구매해서 식자재로 사용하는 것도 가능합니다. 그런 이유가 아니더라도 하마구치 씨 부부는 원래 '착한 일'을 즐기는 활동적인 분들이므로 장소 제공을 꺼릴 이유가 전혀 없습니다.

많은 사람을 일회성으로 만나 네트워킹을 하는 건 사실 불가능합니다. 소규모로 정기적으로 지속되는 오가닉 마르쉐는 유기농 채소를 매개로 이런 인연을 이어 줍니다.

이 비즈니스의 또 다른 주의점은 매너리즘에 빠지지 않도록 하는 것입니다. 수년 이상 단골이 되어 찾아도 질리지 않는 재미있는 분위기와 이벤트의 연출이 고야마 씨에게 요구되는 센스와 노력이겠죠.

오가닉 마르쉐, 유기농 채소시장

▶ 유기농 채소시장을 월 2회 운영
　1,500엔×10개 점포×월 2회=월 3만엔

▶ 고객은 건강한 음식을 찾는 주민
　대기 고객이 최소 200명 정도는 되는 동네를 영업장소로 선정

▶ 키포인트
　1. 고급 유기농 채소를 적절한 가격에 제공
　2. 점포는 10개로 한정
　3. 장소 임대는 공짜
　4. 소규모, 정기적, 지속적
　5. 고객들이 질리지 않게 이벤트도 기획
　6. 이름에 걸맞게 이국적이고 세련된 분위기 연출

친환경 임산부 옷 돌려 입기

'친환경 임산부 옷 돌려 입기'는 하코다테에 사는 아라기 아카미 씨가 시작한 비즈니스입니다. 한 벌의 임산부 옷을 네 명이 순번제로 사용하게 되는 방식입니다. 왜 하필 중고 임산부 옷이냐며 의아해 하실 수 있으므로 좀 더 설명을 드리지요.

평생 가장 행복하게 느껴질 수 있는 순간, 몸에도 잘 맞고 디자인도 예쁜 임산부 옷을 입고 싶어 하는 건 여성들의 자연스런 바람이겠죠. 그런데 현실적으로 이런 옷은 족히 5만엔은 할 테니 선뜻 구매할 사람은 별로 없습니다. 웨딩드레스처럼 딱 한 벌만 있으면 '고민 끝'도 아니고 말이죠. 모두가 한눈에 반할만한, 누구나 축복해줄 것 같은 임산부 옷을 적절한 가격에 공급하고 싶다는 마음이 이 비즈니스를 탄생시켰습니다.

아라키 씨의 아이디어는 이렇습니다. 우선 한 벌 당 1만엔 정도에 주문 제작합니다. 하나의 디자인으로 다섯 벌을 한꺼번에 주문하기 때문에 이 정도 가격이 가능해집니다. 배가 불러오는 정도에 맞추어 사이즈 조정도 해주고, 예쁜 모양도 망가지지 않게 신경을 씁니다. 이 옷을 네 명의 임산부가 순번제로 입습니다. 이렇게 하면 분담액은 1인당 5,000엔 정도입니다. 네 명이 다 사용한 후에는 옥션에서 판매하든지 무상으로 선물합니다.

두 번째 포인트는 '리폼'입니다. 순번이 돌아올 때 그냥 세탁만 해서 넘기는 게 아니라 리폼해서 신제품처럼 만들어줍니다. 아라키 씨와 NPO직원들은 옷 수선 기술을 익혀서 직접 리폼 하는데, '신상품' 이상으로 산뜻하게 느껴질 정도가 되어야 합니다.

세 번째 포인트는 건강입니다. 옷감이나 재료에 유해한 화학약품은 일절 사용하지 않습니다. 일테면 포름알데히드를 주성분으로 하는 강화제 등은 절대 금물입니다. 옷감의 염료도 마찬가지입니다. 누구보다도 민감한 임산부가 입는 옷이니만큼 좀 과하다 싶을 정도로 신경을 쓰도록 합니다.

네 번째 포인트는 선배 임산부와 후배 임산부가 상호 교류를 통해 출산과 육아 정보 등을 주고받으며 서로 돕게 하는 것입니다. 지금과 같은 핵가족사회에서는 과거처럼 출산과 육아에 이웃이나 가족의 도움을 받기가 쉽지가 않다는 걸 아라키 씨는 자신의 경험으로 익히 알고 있습니다.

따스한 이웃과의 관계, 지역 공동체 만들기가 목적이므로 아라키 씨는 하코다테에서만 영업을 합니다. 따라서 인터넷 판매도 하지 않습니다. 임산부 100명을 대상으로 아라키 씨를 포함해서 두 명의 스태프로 시작합니다. 고객이 두 배로 늘면 스태프를 네 명으로 늘릴 계획입니다. 그 이상 확장할 계획은 없습니다. 아라키씨를 포함한 스태프 1인당 수입은 월 3만엔입니다.

친환경 임산부 옷 돌려 입기

▶ 예쁘고 편하며 건강에 좋은 임산부 옷을 네 명의 임산부가 돌려가며 사용
  한 벌 당 수입=5,000엔×4명=2만엔
  한 벌 당 제조비용+3회 리폼 비용=1만2,000엔
  스태프 1인당 월수입 = 3만엔

▶ 고객은 건강에 무해한 예쁜 임산부 옷을 찾는 임산부

▶ 키포인트
  1. 예쁘고 안심할 수 있는 임산부 옷을 적절한 가격에 제공(시중 가격의 10%)
  2. 돌려 사용하지만 매번 새것을 받는 느낌이 들도록 리폼
  3. 영업지역과 회원 고객수를 제한
  4. 좋은 물건은 공유하고 재사용하는 문화를 만들어 나간다.
  5. 선배 임산부와 후배 임산부가 교류하며 좋은 이웃이 될 수 있도록 한다.

벽돌 오븐 만들기

야마시타 다카시 씨의 '3만엔 비즈니스'를 한 가지 더 소개합니다. '출장 벽돌 오븐 만들기 워크숍'. 야마시타 씨는 불춤도 뛰어나지만 벽돌 오븐 만들기에도 일가견이 있습니다. 벽돌 오븐이 있으면 장작이나 숯을 이용해서 피자나 빵을 구울 수 있습니다. 갓 구운 빵이나 피자의 맛은 당연히 훌륭하지요. 땀 흘려 함께 일하고 난 후에 동료나 친구들과 같이 먹으면 더욱 맛나겠죠.

후쿠시마 현 이와키 시에는 '이와키의 숲을 사랑하는 모임'이라는 NPO가 시의 위탁을 받아서 숲을 관리하고 있습니다. 간벌이나 잡풀 제거 등 상당한 노동력을 필요로 하는 일인데 평균 연령 65세의 장년층 10여 명이 주축이 되어 10년 넘게 활동하고 있습니다. 이렇게 장기간 지속이 가능한 것은 모두 즐겁게 참여하기 때문입니다. 작업이 끝나고 다함께 갓 구운 빵과 피자를 먹는 시간은 각별한 재미를 더합니다. 리더인 마츠자키 카즈노리 씨 팀이 작업을 마치고 산에서 돌아올 시간에 맞추어 부녀회에서 빵과 피자를 구워둡니다. 맛있는 음식을 생각하면 하산하는 발걸음이 날아갈 듯 가볍습니다. 이때 함께 만들어서 사용하는 벽돌 오븐이 제몫을 톡톡히 하는 건 두말할 나위도 없습니다.

벽돌 오븐은 주문제작하면 100만엔 가량합니다. NPO가 감당할만한 가격이 아닙니다. 하지만 직접 만들면 재료비 10만~20만엔이면 충분합니다. 물론 전문가의 도움은 필요하지요.

야마시타 씨는 재료 일체와 기술지도 서비스까지 워크숍 형태로 출장 제공합니다. 재료는 내화벽돌, 내화시멘트, 철제문짝 등입니다. 워크숍 첫째 날, 야마시타 씨가 재료와 도구일습을 챙겨 1톤 트럭에 싣고 현장에 나타납니다. 첫째 날은 강의와 기초 다지기. 친절한 설명이 담긴 교재도 제공됩니다. 둘째 날부터는 야마시타 씨 없이 작업을 하는데 도중에 2회의 기술지도를 합니다. 가장 중요한 최종 작업단계에서는 하루 종일 참여합니다. 중간 중간 이메일과 전화상담도 가능합니다. 야마시타 씨의 공임은 6만엔+트럭 주유비입니다. 원하는 사람들은 빵과 피자 만들기 강의도 추가옵션으로 들을 수 있습니다. 야마시타 씨가 들이는 시간은 재료구매에 하루, 출장에 나흘, 합계 닷새입니다. 두 달에 한 번 정도 요청이 들어오면 '3만엔 비즈니스'가 됩니다.

이 비즈니스의 포인트는 워크숍을 하면서 함께 즐겁게 만드는 것입니다. 주문제작을 의뢰받으면, 야마시타 씨 혼자서 80~120시간 정도 작업을 해야 하고 오가는 시간과 날씨 등을 고려하면 한 달은 족히 걸리므로 결국 100만엔짜리 작업이 됩니다. 워크숍 참가자들이 공동 작업을 통해 부수적으로 얻는 동료애와 손수 만드는 즐거움은 당연히 기대할 수 없습니다.

이익이 아니라 좋은 일을 하는 성취감과 보람이 목적인 NPO가 일본에만 3만2,000개나 있다고 합니다. 그러나 재정적 문제 등 여러 가지 어려움으로 인해 지쳐 나자빠지는 구성원들이 속출하다보니 문을 닫는 NPO도 적지 않습니다. 이렇게 쉽게 지치게 되는 건 너무 진지하고 심각하기 때문입니다. 일 자체의 고귀한 목적 못지않게 과정을 즐기기 위한 노력이 필수적인 이유입니다.

'비전력공방'의 벽돌 오븐

벽돌 오븐 만들기

▶ 벽돌 오븐 만들기 워크숍 출장지도. 재료 일체 배송
  출장 4회 수고비 6만엔/2개월=월 3만엔

▶ 고객은 DIY 워크숍을 즐기는 개인, 단체, 카페

▶ 키포인트
  1. 멋진 벽돌 오븐을 만든다.
  2. 워크숍을 통해 즐기면서 만든다.
  3. '재료, 도구, 노하우'를 풀 패키지로 제공
  4. 2개월에 1회로 한정
  5. NPO 등에 인지도 향상

스트로베일 하우스 B&B

스트로베일 하우스가 일본에서도 작은 붐을 일으키고 있습니다. 스트로베일 하우스는 짚단 블럭인 스트로베일을 쌓아 올려서 벽을 만듭니다. 안쪽과 바깥쪽 모두 흙을 두세 번 이상 두텁게 바르고 표면은 석회로 마감합니다. 기초와 기둥과 지붕은 대부분 나무를 이용해서 만듭니다. 나무와 흙, 짚단으로 만드는 집인 셈입니다. 전체 벽의 두께는 40~70cm 정도로 단열성이 매우 뛰어납니다. 여름은 시원하고 겨울은 따뜻한 자연소재의 집입니다. 벽이 두터우니 곡면, 곡선, 입체감을 살리는 디자인을 자유롭게 구사하여 동화 속 그림 같은 집을 만들 수도 있습니다.

스트로베일 하우스의 또 다른 특징은 워크숍을 하면서 만들 수 있다는 점입니다. '비전력공방'에서도 몇 번 주최한 적이 있는데, 참가자들은 예외 없이 즐거워할 뿐 아니라 작업이 끝날 무렵엔 둘도 없는 친구사이가 되곤 합니다. 서로 이해를 따질 것도 없고, 사회적 지위도 신경 쓰지 않으면서 함께 작업을 하는 것 자체가 즐겁습니다. 특히 흙 바르기 작업은 모두를 동심의 세계로 돌아가게 하는 신기한 효과가 있습니다.

B&B는 Bed&Breakfast의 줄임말로 간단한 아침식사가 제공되는 숙박시설입니다. 호화로운 만찬을 제공하는 값비싼 일본식 전통 료깐에 비할 바는 아니지만, 나름의 멋이 있고 무엇보다 인간미가 물씬한 게 B&B의 특징입니다. 저는 북미, 유럽, 호주 등을 여행할 때는 가능하면 B&B에 머뭅니다. 5성급 호텔보다 여행의 추억을 남기기에 좋기 때문입니다. 가격은 3성급 호텔 이하입니다. B&B에 대해서도 제 나름의 선택기준을 가지고

있는데, 그것은 개인이 취미로 운영하고 있는 곳만을 고른다는 것입니다.

노후에 거주할 집을 자신의 취향에 맞게 한 채 짓습니다. 은퇴하기 전에는 B&B용도로 사용합니다. 예약이 없을 때는 별장으로도 이용할 수 있습니다. 이런 곳은 디자인이나 운영방식이 개성 있고 멋질 수밖에 없겠죠. 예약한 투숙객이 도착할 즈음에 나가서 체크인을 돕고 집에 대해 간단하게 설명을 해줍니다. 아침식사의 재료와 편히 쉬시라는 인사말을 건네고 자기 집으로 돌아갑니다. 이런 접수과정을 그집의 상냥한 따님이 맡는 경우도 있습니다. 전속직원이 없으니 운영비용은 거의 들지 않겠지요. 가동률이 낮다고 조바심할 필요가 없는 이유입니다.

이런 B&B를 '3만엔 비즈니스'로 운영해 볼만합니다. 우선 워크숍을 하면서 집을 한 채 짓습니다. 작은 집을 새로 지어도 되고, 헌집을 개조해도 됩니다. 여하튼 초기 투자비용을 최소화하는 게 중요합니다. 126페이지에서 '비전력공방'에 지어놓은 비전력 스트로베일 B&B의 사진을 보실 수 있습니다. 목공이나 집짓기 경험이 전무한 '비전력공방' 제자 네 명이 한 달 동안 지은 집입니다. 재료비 15만엔만 들여서 다다미 8장 크기로 자그마하게 지었지만, 다락과 침대도 있어서 다섯 명까지 편안히 머물 수 있습니다. 동화에 나오는 숲속의 작은집처럼 예쁩니다.

땅값이 들지 않는 곳에 재료비만으로 이렇게 집을 지으면 따로 빚을 지지 않아도 되겠죠. 빚내지 않고 지으면 가동률 때문에 고민할 필요도 없습니다. 친구들과 함께 직접 만들어 보시길 권합니다.

'비전력공방'을 예로 들면, 네 명이 15만엔으로 지은 B&B에 1박에 2만 5,000엔을 받을 경우 다섯 명이 머문다면 1인당 5,000엔입니다. 네 명이면 6,250엔. 일본의 일반적인 숙박요금을 생각해 보면, 이 정도 금액에 뭐 그리 비싸냐고 불평할 사람은 많지 않을 것 같습니다. 아침식사 재료비와 시트 교환비용 등을 제하면 1만7,000엔쯤 남습니다. 한 달에 2박만 받는다면, 연 수입은 40만8,000엔. 이중 4만8,000엔을 초기 건설비용으로 감가상각 처리하면, 실수입은 대략 36만엔, 월 평균 3만엔입니다.

기왕에 지어 놓은 것을 왜 한 달에 2박만 받느냐고 반문하실 분도 당연히 있겠죠. 그런데 돈을 많이 들여 지은 것도 아니니까 상관없습니다. 손님을 너무 많이 받고 손님을 만족시키기 위해 지나치게 힘을 쏟다 보면 쉽게 지치게 마련입니다. 어차피 다른 일을 겸업으로 하니 B&B의 가동률을 적절하게 조절해서 즐겁게 일할 수 있는 정도만 손님을 받는 게 좋습니다. 그래야 예약리스트도 늘 꽉 찬 상태로 유지할 수 있고요.

큐슈의 스트로베일 하우스

스트로베일 하우스 B&B

▶ 멋진 스트로베일 하우스 B&B를 셀프빌드
  (1박 2만5,000엔×월 2회)-경비+감가상각비 2만엔=월 3만엔
▶ 고객은 스트로베일 하우스를 좋아하는 가족이나 단체
▶ 키포인트
  1. 그림처럼 예쁜 스트로베일 하우스를 짓는다.
  2. B&B로 한정하고 저녁은 제공하지 않는다.
  3. 월 2회만 영업한다.

트리하우스 주말 카페

스트로베일 하우스도 좋지만 트리하우스도 그 못지않게 재미있습니다. '비전력공방'에서 트리하우스를 짓는 워크숍도 몇 번 진행해보았습니다. 우선 나무 위에 집을 짓는다는 것 자체가 흥미로운 일입니다. 어렸을 때 나무 위에 작은 놀이터를 만들었던 추억이 있습니다. 나무 위에서 땅 밑을 내려다보면, 마치 새가 된 듯한 자유로움을 느낍니다. 잠시 동안이지만 지상의 온갖 속박과 구속에서 벗어난 기분이 듭니다. 트리하우스를 지을 때 고려해야 할 첫 번째 요소는 탁 트인 경관을 보며 새가 된 듯한 기분을 느끼게 해줄만한 나무를 고르는 것입니다.

미국 오레곤 주에는 트리하우스 B&B가 있습니다. 여기에 묵으려고 저처럼 일부러 미국으로 여행가는 사람이 있을 정도입니다. 반년 정도는 예약이 밀려있기 때문에 적어도 8개월 전에 예약을 하는 게 좋습니다.

'트리하우스 주말 카페'라는 '3만엔 비즈니스'를 생각해 볼 수 있습니다. 풍광이 좋은 곳의 적당한 나무를 골라서 땅임자에게 공짜로 임대해 달라고 부탁해 봅니다. 그 대가로 간벌 등 숲을 관리하는 일을 돕는 조건이면 가능할지도 모르죠.

몇 그루의 나무에 걸쳐 있는 형태의 트리하우스를 워크숍을 통해 짓습니다. 한 그루만 사용해도 좋지만, 안전성과 집짓기의 난이도를 생각하면 여러 그루의 나무를 이용하는 게 낫습니다. 다다미 8장 크기면 트리하우스로는 좀 커도 카페로는 좀 작습니다. 여하튼 이 정도면 열 개의 좌석이 있는 카페가 됩니다. 재료비는 10만엔 정도. 중고 엔진톱을 사서 간벌재를 직접 제재하면 더 싸게 만들 수도 있습니다.

이 트리하우스에 주말 카페를 엽니다. 토요일과 일요일, 날씨가 좋은 날, 해질녘까지만 영업을 합니다. 이렇게 하면 실제로는 한 달에 6일 정도 영업이 가능합니다. 하루 손님은 30명 정도. 나무 위에서 조리는 버거운 일인데다 식품위생상 규제도 문제가 될 수 있으니 메뉴는 음료수로 한정합니다. 객 단가를 500엔 정도로 잡으면 한 달 매출은 9만엔, 재료비와 제경비가 3만엔, 두 명이 번갈아 가면서 일하면 1인당 월 3일 일하고 3만엔의 수입이 됩니다.

주 2회 영업이지만 트리하우스 카페만 운영하고 있으면 얼마 안 가서 질리게 마련입니다. 주변에 산책코스를 개발한다든지, 큰 그네를 나무에 매단다든지, 나무 타기 강습회를 연다든지, 다채로운 이벤트로 손님들의 흥미를 계속 유발할 수 있도록 노력해야 합니다. 이렇게 지속적으로 재미를 연출하는 것은 모든 '3만엔 비즈니스'에서 필수적인 요소입니다. 이게 싫거나 자신이 없으시다면 '3만엔 비즈니스'와는 궁합이 잘 맞지 않을 수 있습니다.

트리하우스 주말 카페

▶ 트리하우스 카페를 워크숍으로 만들어 주말 카페로 운영
  (객 단가 500엔×30명/일×6일/월)-기타 경비 3만엔=6만엔/2명
▶ 고객은 트리하우스, 나무 타기, 숲을 좋아하는 가족
▶ 키포인트
  1. 멋진 트리하우스를 워크숍으로 만든다.
  2. 날씨가 좋은 주말에 영업한다.
  3. 나무 타기 워크숍 등 재미있는 이벤트를 지속적으로 연출

빗물 비즈니스

'변기로 흘려버리는 수돗물 요금은 얼마나 될까?'

이런 생각을 해 보신 적이 있으신지요. 이 문제에 답할 수 있는 사람은 별로 많지 않습니다. 변기에서 사용되는 물만 따로 요금을 계산하는 것도 아니고, 자동으로 매달 계좌이체 되는 금액을 신경 쓰는 사람도 별로 없습니다. 그래서 제가 한번 조사를 해봤습니다.

도쿄에서 4인 가족의 평균 수돗물 사용량은 한 달에 27㎥입니다. 사용 비율은 수세식 변기가 28%, 목욕물은 24%, 조리 23%, 세탁 17%, 세면 및 기타 8%입니다. 도쿄의 수도요금은 1㎥에 163엔이니까 27㎥×0.28×163엔=1,230엔쯤 됩니다.

참고로 도쿄에서 가장 수도요금이 싼 곳은 102엔, 가장 비싼 곳은 739엔입니다. '비전력공방'이 있는 나스는 157.5엔 정도로 도쿄 평균보다 비쌉니다. 수질은 갈수록 악화되고, 에너지 가격도 오르고, 5년 후쯤에는 이 요금의 10배가 될지도 모릅니다. 가격이 올라서 한 달에 1,670엔쯤 한다면, 10년간 20만엔이나 됩니다. 과장이 지나친가요?

어쨌든, 대안을 제시해볼 수 있습니다. 이른바 '빗물 비즈니스'가 그것입니다. 빗물을 받아서 수세식 변기에 사용한다고 쳐봅시다. 건평 36평 정도의 주택 지붕에 내리는 강수량이 연간 약 200㎥. 이렇게 받은 빗물의 45%만 활용해도 충분히 전체 소비량을 커버할 수 있습니다. 물론 이렇게 많은 빗물을 받기 위해서는 큰 저장탱크가 필요합니다. 실제로는 탱크의 크기가 제한되어 있고, 비가 매일 내리는 것도 아니기 때문에 아마도

80% 정도를 빗물로 대체할 수 있을 겁니다.

이렇게 하면, 10년간 아낄 수 있는 수도요금은 16만엔 정도입니다. 이 설비를 10만엔에 주문 받는다고 하면, 재료비가 7만엔 정도이고 작업 시간은 꼬박 하루가 걸립니다. 주문은 한 달에 한 번만 받는다고 치면 월 3만엔짜리 일거리가 됩니다.

수도요금이 비싼 건 깨끗한 상수도물을 만들기 위해 적지 않은 비용과 에너지가 들기 때문입니다. 대소변을 처리하는데 이런 깨끗한 물을 사용하는 건 낭비가 아닐 수 없습니다. 수도요금이나 수자원을 아끼고 싶다는 생각을 가진 분들이 10만엔 정도 들여서 이런 설비를 집에 들이는 경우가 적지 않을 거라고 봅니다. 이 설비를 만드는 건 그리 어렵지 않습니다. 대개 하루 정도 교육을 받으면 스스로도 가능합니다.

빗물을 받아 목욕하는데 쓰고, 사용한 목욕물을 다시 세탁에 활용하고, 세탁에 사용한 물을 마지막으로 수세식 화장실에 사용하는 '알뜰한' 100% 재활용법도 있습니다. 세탁까지는 몰라도 화장실까지 사용하기에는 빗물로는 좀 부족합니다. 이 부족분만큼 빗물 저장탱크를 수돗물로 채워서 벌충하면, 목욕과 세탁과 화장실의 수도물 사용량을 80% 가량 줄일 수 있습니다. 수도요금으로 따지면 10년간 무려 40만엔이지요. 이런 '올라운드' 빗물활용 설비를 22만엔에 수주 받아서 재료비 16만엔, 시간은 3일 정도 들여서 만들어 줍니다. 두 달에 한 번 주문을 받으면 월수입이 3만엔입니다.

일본은 수자원이 풍부하니까 빗물을 사용할 필요가 없다고 생각할지도 모릅니다. 일본인 한 명의 하루 평균 물 사용량은 347ℓ입니다. 이는 세계 평균 174ℓ의 두 배쯤 되고, 아프리카의 케냐나 중국의 10배쯤 됩니다. 이중 생활용수 연간 사용량은 157억㎥, 공업용수 128억㎥, 농업용수 546억㎥

로 모두 합치면 831억㎥입니다. 그중 농업용수가 2/3를 차지합니다. 2007년 기준 수치. 1㎥는 1ℓ의 1,000배.

문제는 이 농업용수입니다. 곡물 1kg을 생산하기 위해 필요한 수량은 1,000kg. 소고기 1kg을 생산하기 위해서는 곡물 10kg이 필요하기 때문에 결국 1만kg의 물 10㎥이 필요하다는 계산입니다. 일본은 곡물과 육류의 상당부분을 수입에 의존합니다. 곡물이나 육류의 생산에 필요한 물을 가상수 virtual water라고 부르는데, 결론적으로 일본은 연간 약 1,000억㎥의 물을 수입하는 셈입니다. 국제보건기구에 따르면, 인간이 건강을 유지하기 위해 필요한 물은 1인당 하루 50ℓ라고 합니다. 현재 전 세계 10억 명 정도의 인구가 50ℓ를 확보하지 못해 물 부족으로 고생하고 있습니다. 연간 1,000억㎥는 54억 명의 사람이 하루 50ℓ씩 사용하는 양에 해당합니다.

이런 수자원을 귀하게 여겨 생활 속에서 아껴 쓰자는 사회운동이 각지에서 일어나고 있습니다. 이런 운동에 사업을 연계하는 게 '빗물 비즈니스'의 키포인트입니다.

'비전력공방'에는 매년 네 명씩의 제자가 들어옵니다. 그중 한 명인 나카오 씨는 1년 간의 수업이 끝나면 고향인 가카와 현에 돌아가 '빗물 비즈니스'를 시작할 생각입니다. 늘 물 부족으로 고생하는 가카와 현에서 꽃집을 하는 나카오 씨가 '빗물 비즈니스'를 생각해낸 것도 무리가 아닙니다. 나카오 씨뿐만 아니라 많은 분들이 '빗물 비즈니스'에 뛰어들어 성공했으면 합니다.

'비전력공방'의 빗물 저장탱크

빗물 비즈니스

▶ 수세식 화장실에 물을 공급하는 빗물장치의 판매와 시공

가격 10만엔-재료비 7만엔=월 3만엔

▶ 고객은 물을 귀하게 여기는 사람들

▶ 키포인트

1. 절감효과가 크고 사용하기 쉬운 장치
2. 수도요금이 비싼 지역, 가족이 많은 집, 지붕이 넓은 집
3. 한 달에 한 건 시공
4. 즐겁게 물을 아낄 수 있는 절수 운동과 연계

장작 비즈니스

장작스토브에 불을 피운 뒤 흔들리는 불꽃을 바라보고 있으면 몸과 함께 마음도 푸근해지는 느낌을 받곤 합니다. 요 몇 년간 장작스토브가 일본에서 작은 붐을 일으키고 있습니다. 방 전체를 덥히는 온풍기와 달리, 장작스토브는 옛날 옛적 화로처럼 방의 일부만 따뜻하게 합니다. 그래서 복사열로 난로 주위만 따뜻해집니다. 소모하는 에너지가 훨씬 적고 타고 남은 장작의 재는 농사에 요긴하게 쓸 수 있는 에너지 순환형이어서 지구온난화 문제의 주범인 다른 냉난방기구와는 차원이 다릅니다.

아시다시피 복사열은 거리의 제곱에 비례해서 약해집니다. 온기를 얻기 위해 난로 주위에 사람들이 모여들 수밖에 없습니다. 조명을 약간 어둡게 하고 촛불 아래 정다운 사람들과 와인 한 잔하는 분위기. 제가 장작 스토브를 좋아하는 이유는 이런 낭만적인 분위기 때문이랍니다. 집 전체가 구석구석 따뜻하고 조명도 너무 밝으면 사람들이 각자 흩어져 자기 볼일만 볼 것 같다는 생각이 듭니다.

이렇게 매력적이고 친환경적인 장작스토브의 일본 내 보급률은 다른 나라에 비해 많이 낮습니다. 일본 1.3%, 영국 39%, 미국 24.4%.2004년 오사카 가스 조사 결과. 주위사람들에게 이유를 물어보니 첫째 가격이 너무 비싸고, 둘째 장작이 비싸고, 셋째 장작을 쪼개고 불을 붙이는 게 번거롭고, 마지막으로 주거 밀집지역에서는 이웃이 연기에 대해 불평할 수 있기 때문이라고 하더군요.

지금까지 시중에서 많이 팔리던 모델은 북미나 북구에서 만든 고급스런 느낌을 주는 수십만엔대의 제품이었습니다. 설치비용만 20~30만엔 정도 추가로 들다보니 부담이 적지 않습니다. 하지만 최근엔 수입품 못지않은 품질을 자랑하는 일본제품을 수만~수십만엔이면 구매할 수 있고, 직접 로켓스토브*를 만드는 사람들도 많아졌습니다. 주거 밀집지역이야 어쩔 수 없지만 그 외의 장소에선 연기 많이 난다고 불평할 사람도 없습니다. 결론적으로 적정한 값의 장작을 편리하게 사용할 수 있다면 보급률을 최소한 북미수준까지 높일 수도 있겠다 싶습니다.

시중에서 파는 장작의 가격은 1kg당 70엔 정도입니다. 이 장작의 수분함유율은 20% 정도이고 발열량은 3,800kcal입니다. 장작스토브의 평균 효율 65%를 적용하면 실제 열량은 2,500kcal. 등유 1ℓ$_{0.82kg}$는 70엔 정도인데 발열량은 8,500kcal. 효율을 88%로 보면 실제 발열량은 약 7,500kcal. 결국 같은 열량을 얻기 위해서는 장작이 세 배 정도 비싸다는 이야기입니다.

삼림조합에서 직접 통나무를 사면 1kg당 10엔 정도입니다. 이 정도면 등유의 절반 이하 가격입니다. 단 통나무를 쪼개서 말리는 작업이 필요한데 이게 상당한 중노동입니다.

만약에 바로 사용할 수 있는 건조된 장작을 1kg당 20엔에 집까지 배달해 주는 서비스가 가능하다면, 가격은 등유의 80%이고 전혀 번거로울 것도 없으므로 제법 팔리지 않을까 싶습니다.

이런 저렴한 가격을 가능하게 해주는 비즈니스 모델은 다음과 같습니다. 우선 야산 소유주와 상담해서 무료로 간벌을 해주는 대신 간벌한 목재

---

*미국의 위니아스키 박사가 고안한 고효율 화덕. 완전 연소가 가능하고 열효율이 높은 설계로 적은 양의 목재만으로도 음식을 조리할 수 있으며, 연기가 적게 나서 조리자의 건강을 해치지 않는다. 대표적인 적정기술 발명품으로 지속가능한 삶에 관심 있는 전 세계의 사람들에게 사랑받고 있다.

는 무료로 넘겨받습니다. 제법 친분이 있는 사이라면 이 제안을 수락할 것입니다.

벌채와 운송이 용이한 장소에서 간벌을 행하여 바로 장작을 팹니다. 그 자리에서 장작을 반년 정도 말려 두 명이 연간 36톤 정도를 생산합니다. 두 명이 각각 연간 120시간 정도 작업하면 가능할 듯 합니다. 이 정도면 한랭지에 위치한 열두 가구에 지속적 공급이 가능합니다. 한 달에 두 번 배달한다면 역시 두 명이 각각 연간 70시간 정도는 일해야 합니다. 결국 1인당 연간 190시간 일하고 수입은 36만엔. 월 3만엔 수입이 됩니다.

가정의 에너지 사용량 순위를 매겨보라고 하면 냉방, TV, 조명, 냉장고라고 대답하시는 분들이 많습니다. 이건 전기제품에만 해당하는 것이고 다른 형태의 에너지를 합하면 자동차를 제외하고 난방과 목욕물 준비에 드는 에너지가 가장 많습니다. 이 둘을 합치면 가정용 전력사용량보다 9% 정도 많습니다.

난방과 목욕물 데우기에 조리까지 전기를 사용하는 '올전기화All電氣化 주택'이 갈수록 늘어가고 있습니다. 최근 1년 동안 신축된 주택의 80%가 이런 주택이라고 합니다. 일본처럼 삼림자원이 풍부한 나라에서 너무나 아쉬운 선택입니다.

'비전력공방'의 장작스토브

장작 비즈니스

▶ 쪼개서 건조시킨 장작을 시중가격의 30% 이하로 판매 및 배달. 등유보다 저렴한 가격.
   20엔/kg×3만6,000kg/년/2인/12개월=월 3만엔

▶ 고객은 환경을 중시하는 장작스토브 사용자

▶ 키포인트
   1. '비싸고 귀찮은' 장작을 '저렴하고 편리' 한 장작으로.
   2. 간벌재를 공짜로 얻는다.
   3. 현장에서 가공, 건조
   4. 두 명이 연간 36톤 생산
   5. 에너지의 순환, 지역 내 생산 운동과 연계

무농약 녹차 재배 비즈니스

2009년경 공업원료로 사용되어야 할 오염된 쌀이 식품원료로 쓰인 사실이 알려져 큰 소동이 벌어졌습니다. 아세타미프릿이라는 물질이 문제였는데, 꿀벌 폐사의 원인으로 의심받고 있는 네오니코치노이드라는 농약의 일종입니다. 검출된 양은 0.03PPM으로 이는 허용 잔류기준치가 별도로 정해져 있지 않은 경우에 일률적으로 정한 0.01PPM의 세 배였습니다. 차에 대해 정해진 이 농약의 허용잔류기준치는 50PPM입니다. 소동을 일으켰던 쌀의 5,000배나 됩니다. 일본에서는 허용치를 넘는 경우에는 철저하게 제재하지만, 그 이하일 경우에는 관리 책임이 없습니다.

차는 잎이 부드럽기 때문에 벌레가 먹기 쉽습니다. 대량의 농약 살포가 불가피한 이유입니다. 한때 무농약 녹차 광고가 유행했지만 실은 저농약을 과대 선전한 것입니다. 차 재배 농민들에게 속사정을 물어보면, 무농약은 불가능하다는 대답이 돌아옵니다. 재배 면적이 너무 넓기 때문입니다. 일본의 차밭을 모두 더하면 가가와 현의 1/4면적에 해당하는 5만 헥타르에 이릅니다.

그렇다면 소규모 재배는 무농약도 가능하겠죠. 자기가 마실 차를 스스로 재배한다고 생각해 봅시다. 일본인 1인당 연간 차 소비량은 1.06kg입니다. 국제연합식량농업기구 통계. 3인 가족이면 3kg입니다. 차 1kg 재배를 위해 필요한 토지는 2㎡입니다. 3인 가족은 6㎡가 됩니다. 이 정도면 날씨가 추운 홋카이도에서도 남향에 간이 온실을 설치해서 재배가 가능합니다. 물론 바람이 잘 들고 벌레가 많이 생기지 않게 신경을 좀 써주어야합니다.

이렇게 간이 온실 세트, 차나무 묘목과 재배 방법, 유기비료를 묶어서 파는 '3만엔 비즈니스'를 생각해볼 수 있습니다. 전체 세트를 12만엔에 판매합니다. 묘목과 유기비료는 원가로 제공하고 1년 간 약 3,000엔, 재료비는 6만엔에 맞춥니다. 이렇게 1년에 여섯 세트를 팔면 월 3만엔 수입이 됩니다.

녹차의 소매가격은 역 주변 상가 소매 점포에서 100g당 671엔 일본 정부 통계입니다. 무농약 차라면 100g당 1,000~2,000엔 가량합니다. 3인 가족 기준 연간 차 구매액은 2만엔, 무농약차는 3만~6만엔이나 합니다. 10년이면 30만~60만엔. 스스로 재배하면 세트가격이 10만엔, 묘목과 비료가격을 합쳐서 15만엔입니다. 이 정도면 1년에 여섯 세트는 팔리지 않을까요?

참고로 일본인의 평균 연간 차 소비량 1.06kg은 세계 17위, 세계 평균 0.47kg의 2.3배입니다. 영국과 세계 1위를 다툴 거라고 생각했는데 의외로 많지 않습니다. 영국의 소비량은 2.26kg으로 세계 3위이고 세계 1위는 3.04kg인 그루지아 공화국이라고 합니다. 미국은 0.3kg으로 60위. 이 정도면 차 시장 자체의 잠재력에 대해서는 걱정하지 않아도 될 것 같습니다.

무농약 녹차 재배 비즈니스

▶ 무농약 녹차 재배 세트를 제공하고 묘목과 유기비료는 원가로 제공
(12만엔-재료비 6만엔)×6세트/년=월 3만엔

▶ 고객은 맛있는 무농약 차를 스스로 재배해서 마시고 싶은 사람

▶ 키포인트
1. 무농약으로 양질의 녹차를 즐겁게 재배할 수 있는 세트를 제공
2. 완제품 구입에 비해 절반 정도의 비용
3. '즐거운 차 재배' 취미 유행과 연계
4. 노하우는 무료로 제공하고 묘목과 유기비료는 원가로 제공, 함께 즐길 수 있도록 한다.

태양열 온수기 비즈니스

여러분께 질문을 하나 드리겠습니다.

"목욕물 덥히는데 매달 얼마나 돈이 들까요?"

답하기 쉽지 않은 질문입니다. 일본에서는 90% 이상의 가정이 가스를 사용해서 목욕물을 덥히는 데 가스요금 낼 때 목욕물 덥히는 비용만 따로 지불하는 사람은 없을 겁니다.

조사에 의하면 도쿄의 4인 가구 기준으로 매달 평균 3,900엔 가량 된다고 합니다. 가족 수, 기온, 온수 사용량, 가스 요금 체계 등 구체적인 차이는 무시하고 대략 월 4,000엔이라고 생각해봅시다. 연간 4만8,000엔, 10년이면 48만엔입니다. 서민들에겐 무시못할 금액입니다.

그러므로 '태양열 온수기 비즈니스'도 한번 해볼만 합니다. 대상은 평평한 옥상이나 햇볕이 잘 드는 너른 정원을 가진 집으로 제한합니다. 그만큼 설치가 쉽겠죠. 이렇게 하면 20% 가량의 주택이 후보가 될듯합니다. 만일 지붕에 설치한다면, 전문업체에 맡기는 게 낫습니다.

재료와 설비를 10만엔 정도로 하고 공사비를 더해 16만엔 정도 받습니다. 재료를 구하고 수송하고 설치하는데 4일 정도가 소요됩니다. 이런 식으로 두 달에 한 대 주문을 받으면 '3만엔 비즈니스'가 됩니다. 소비자 입장에서는 10년에 28만엔 정도는 절약할 수 있기 때문에 1년에 여섯 대, 두 달에 한 대 정도는 수요가 있을 듯 합니다.

공동구매 형태로 10만엔 정도면 완성된 태양열 온수기와 제반 부속품을 손에 넣을 수 있습니다. 손재주가 있으신 분은 직접 제작해도 됩니다.

이 책의 '3부'에서 '15만엔으로 만든 비전력 목욕탕' 124페이지을 소개하고 있습니다. 15만엔 중 8만엔이 태양열 온수기 재료비입니다.

최근 멀쩡한 태양열 온수기를 철거비와 폐기비용까지 부담하면서 뜯어 버리는 집들이 많다는 이야기를 듣고 충격을 받았습니다. 이유는 보기 흉하기 때문이랍니다. 1999년에 11.5%였던 세대별 보급률이 2004년에 7.3%까지 하락했답니다. 일본 총무성 통계조사국. 현재는 자료가 없지만 4% 안팎일 거라고 짐작됩니다.

심야전력을 사용해서 밤에 덥혀 놓았다가 아침에 목욕을 하는 방식도 있습니다. 심야전력은 대단히 저렴해서 매달 1,600엔 가량이면 된다고 합니다. 도쿄 거주 4인 가족이 1kw짜리 열펌프를 사용한다면 그렇습니다. 이 가격이면 도시가스의 40% 정도밖에 안 되므로 경쟁이 될 리 없습니다.

심야전력과 태양열 온수기의 차이는 설비비용입니다. 심야전력은 가장 싼 설비가 40만엔입니다. 시중에서 파는 태양열 온수기는 50만엔이지만, '3만엔 비즈니스' 제품은 16만엔이면 됩니다. 어떤 설비든 10년 정도 사용한다면, 심야전력은 설비비와 전기사용료를 합쳐서 10년간 60만엔, 시중의 태양열 온수기는 70만엔, '3만엔 비즈니스'는 36만엔입니다.

'비전력공방'의 태양열 온수기

태양열 온수기 비즈니스

▶ 태양열 온수기를 설치시공비 포함, 두 달에 한 대, 대당 16만엔에 판매

(16만엔-재료비 10만엔)/2개월=월 3만엔

▶ 고객은 환경을 중시하고 연료비를 아끼려는 사람

▶ 키포인트

1. 평평한 옥상, 햇볕이 잘 드는 정원이 있는 집에 설치. 지붕에는 설치하지 않는다.
2. 두 달에 한 대 판매
3. 공동구매하거나 위탁제조한다.

주말농장 비즈니스

도치기 현 오오다와라 시에 사는 나가이 다카기 씨의 '3만엔 비즈니스'는 유휴지를 이용한 주말농장 비즈니스입니다. 오오다와라 시는 현의 중심지이지만 휴경지가 많은 편입니다. 이런 휴경지를 방치하면 잡초로 뒤덮여서 못 쓰는 땅이 되기 십상입니다. 그러니 믿을만한 누군가가 휴경지를 빌려 농사를 짓겠다고 하면 무료로라도 빌려주지 않을 이유가 없습니다.

주말에 텃밭이나 논에서 채소와 작물을 스스로 재배하고 싶은 도시민들이 적지 않습니다. 때문에 주말 텃밭을 임대해주는 주말농장 비즈니스의 인기가 식을 줄 모릅니다. 인터넷 검색을 하면 수십만 건씩 찾아낼 수 있습니다. 하지만 여기엔 함정이 도사리고 있습니다. '주말농장정비촉진법'을 따라야 하는 운영 형태가 되면 이런 저런 규제가 너무 많아서 번거롭습니다. 반면에 '농장 이용방식'이라는 농작물 재배에 국한된 운영방식을 택하면 일이 비교적 수월해집니다. 어쨌든 즐겁게 돈을 벌면서 비즈니스를 지속할 수 있으면 좋겠는데, 대개는 이런 저런 이유로 고생을 많이들 하는 것 같습니다.

나가이 씨의 비즈니스 모델은 '농장 이용방식'의 응용 버전입니다. 우선 휴경농지를 공짜로 빌려서 고구마나 감자와 같은 구근 작물과 밀이나 보리처럼 상대적으로 기르기 쉬운 곡물을 재배합니다. 이랑을 조금 높이 쌓아올리고 씨고구마를 묻기만 하면 5개월 후에 수확이 가능합니다. 그 동안 할일이라고는 잡초를 두 번쯤 뽑아주는 정도입니다.

이런 작물을 선택하는 또 다른 이유는 술을 빚을 수 있기 때문입니다.

텃밭 이용료는 수확한 작물의 일부를 받는 것으로 합니다. 다른 곳은 매년 1만~3만엔 정도의 사용료를 받지만 나가이 씨는 에도시대의 관습처럼 작물을 받습니다. 이렇게 받은 작물을 양조장에 부탁해서 술로 만듭니다. 술을 다시 재배자들에게 판매하는데, 이 금액과 양조장에 지불한 금액의 차액이 나가이 씨의 수입이 됩니다.

33㎡의 밭에서 평균 80kg의 고구마를 수확해서 그 중 30%인 24kg을 나가이 씨에게 줍니다. 나가이 씨는 이걸로 50ℓ 정도의 탁주를 빚습니다. 이 탁주를 증류하면 15ℓ 정도의 소주가 완성됩니다. 재배자는 1만2,000엔에 이 소주를 삽니다. 시장 가격의 2/3 정도입니다. 양조장에 6,000엔을 주고 나면, 나가이 씨는 6,000엔이 남습니다. 60명이 이 텃밭을 가꾼다면 나가이 씨는 연간 36만엔, 월 3만엔의 수입을 올릴 수 있습니다.

고구마 재배 이후의 과정은 단순한 거래일뿐이고 별다른 재미가 없기 때문에 몇 번 반복하고 나면 질릴지도 모릅니다. 지속적인 재미를 위해서는 스스로 소주를 만들게 하는 것도 좋습니다. 소주 제조는 별로 어렵지 않습니다. 고구마에 누룩을 넣어 전분을 당으로 바꾸고 효모를 집어넣어 발효하면 탁주가 됩니다. 탁주를 소주로 증류하는 것도 15ℓ 정도라면 가정용 압력솥으로 가능합니다. 만드는 방법을 배우고 싶어 하는 사람들을 위해 나가이 씨는 소주 만들기 워크숍을 진행하기도 합니다.

나가이 씨는 휴경지를 사용하는 평범한 비즈니스 모델에서 한 단계 나아가 재배한 작물로 소주를 빚고, 소주 빚는 과정을 셀프 양조단계로 발전시켜서 재미있는 비즈니스 모델을 만들었습니다. 소비자는 돈을 별로 들이지 않고도 고급 소주를 스스로 만들어 마시고, 기업가는 돈을 버는 윈윈 솔루션입니다. 평범한 비즈니스 모델을 업그레이드하는 것도 '3만엔 비즈니스'의 비결 중 하나입니다.

주말농장

주말농장 비즈니스

▶ 휴경지에서 구근작물, 보리, 밀 등을 재배하게 하고 사용료로 받은 수확물로 소주를 만들어 재배자에게 최종 판매함

(소주 1만2,000엔/15ℓ-소주 위탁제조비 6,000엔)×60명=36만엔/연=월 3만엔

▶ 고객은 가벼운 텃밭 작업과 스스로 만든 고급 소주를 즐기고 싶어 하는 사람들

▶ 키포인트

1. 휴경지를 공짜로 빌린다.
2. 밭을 빌려주는 대가로 현물을 받는다(수확물의 30%).
3. 소주가 만들어지면 시중 가격의 2/3로 인수하게 한다
4. 지속적인 재미를 제공한다.

잉여채소 배달 서비스

농사짓는 분들에게 늘 고민거리가 되는 것 중 하나는 농작물 수확기가 농가별로 큰 차이가 없다는 겁니다. 오늘 우리집에서 재배한 배추를 이웃에게 나눠줬더니 다른 이웃이 또 배추를 들고 옵니다. 이렇게 남아도는 채소가 시골에 사는 사람들에게는 별 가치가 없지만, 도시에 들고 가면 품질에 따라 비싼 값에 팔 수도 있습니다. '3만엔 비즈니스'가 되는 것이지요. 도시에서 자동차로 2시간 정도 떨어진 시골이 이상적입니다. 시골에 사는 A씨와 도시에 사는 B씨가 협력해서 '3만엔 비즈니스'를 해볼 수 있습니다. A씨는 우선 10가구 정도의 겸업농가와 계약을 맺습니다. 전업농가도 괜찮지만 큰 돈벌이가 아니므로 겸업농가가 더 관심을 보일 것 같습니다. A씨는 월 2회 이들 농가를 돌면서 중간 크기 박스 25개를 채울 정도의 채소를 모아서 트럭에 싣고 도시의 B씨에게 갖다 줍니다. 도시의 B씨는 역시 자신의 차량으로 25가구 정도의 약정 소비자들에게 배달합니다. 이 소비자 회원을 모으는 것은 B씨의 일입니다. 한 상자 당 1,500엔 정도 받으면 한 달 매출은 7만5,000엔이 됩니다. 이 중 1만엔을 농가에 나누어주면 농가당 1,000엔의 작은 금액이지만 나쁠 건 없습니다. 주유비, 박스 등 제비용이 5,000엔. 남는 6만엔을 두 사람이 나누면 한 달에 이틀 일하는 '3만엔 비즈니스'가 됩니다.

일반적으로 채소는 고객의 수요에 맞게 농가가 공급하는 형태로 생산됩니다. 그러나 공업제품의 출고와 달리 농사는 날씨에 따라 수확량이 달라집니다. 때문에 농가는 가능하면 수확량을 늘리려고 하고, 과잉 생산되면 가격 폭락을 막기 위해 출하하지 않고 폐기합니다. 이런 낭비 때문에 일본산 채소가격이 비싸집니다. 반대로 공급량에 소비를 맞추는 방법을 선택하면 문제를 해결할 수 있지 않을까요.

생산된 채소를 상자에 넣어서 배달합니다. 소비자는 상자를 열어보기 전에는 무엇이 들어 있는지 알 수 없지만, 늘 신선한 제철 채소를 저렴한 가격에 맛볼 수 있습니다. 30년 전쯤 무농약으로 수경재배한 채소를 이런 방법으로 판매한 적이 있습니다. 한 상자 당 3,000엔+배송료를 받았는데 상당한 인기를 누렸습니다. '비전력공방'이 창안한 비즈니스 모델이었는데, 지금은 생협이나 유기농가에서 꽤 많이 채택하고 있습니다. 우연의 일치인지 몰라도 가격도 한 상자 당 3,000엔+배송료입니다. 월 2회 배달하면 고객은 월 7,000엔으로 신선한 채소를 맛볼 수 있습니다. 그런데 '3만엔 비즈니스'의 잉여채소 배달 서비스는 매달 3,000엔만 내면 되므로 더 경제적이지요. 가격 경쟁력이 높으니 고객 25명을 확보하는 것도 별로 어렵지 않습니다. 가격을 낮출 수 있는 이유는 소형 트럭을 이용해서 직접 배달하기 때문이고, 한 달에 이틀만 일하면 되므로 수고에 어울리는 적절한 수입입니다.

두 지역에 사는 사람이 짝을 지어 월 6만엔을 벌어서 나누어 갖는 '3만엔 비즈니스'는 무궁무진합니다. 어촌과 도시를 묶어서 생선을 도시 가정에 운송하는 것도 가능하겠지요. 매달 3,000엔으로 신선한 생선을 마음껏 먹을 수 있는 조건이라면 25명의 고객을 확보하는 것쯤은 식은 죽 먹기겠죠.

> **잉여채소 배달 서비스**
>
> ▶ 신선한 잉여채소를 상자에 넣어 매달 2회 배달
>   (1상자 1,500엔×월 2회×25가구)-경비 1만5,000엔=월 6만엔/2인
> ▶ 고객은 신선한 채소를 값싸게 구매하고 싶은 까다롭지 않은 고객
> ▶ 키포인트
>   1. 시골의 A씨와 인접한 도시의 B씨가 연계(소형 트럭으로 2시간 거리)
>   2. 신선한 잉여채소 확보
>   3. 신선한 채소를 값싸게 구매하고 싶은 까다롭지 않은 고객 확보
>   4. 직접 배송 가능한 25명의 고객으로 한정

건강 도시락 배달 서비스

아주 평범한 테마를 한 가지 소개할까 합니다. 건강 도시락 배달 서비스입니다. 종류는 세 가지인데 이 중 하나만 선택합니다. 아이를 위한 안심도시락, 여성을 위한 6종 반찬 다이어트 도시락, 고령자를 위한 장수도시락. 너무 평범해서 별 거 아니라고 생각하실지 모르지만 조금만 더 설명을 들어보시기 바랍니다.

아이들을 위한 안심도시락은 유기농 재료만을 사용하고, 영양과 식품의 균형을 잘 맞추도록 합니다. 아이들 입맛에 맞도록 만드는 건 물론입니다. 기름을 사용한 음식은 가능하면 줄입니다. 도시락은 조리해 뒀다가 나중에 먹는 음식입니다. 특히 오래된 튀김 음식은 아이들에게 좋지 않습니다.

다이어트 도시락은 심한 다이어트로 건강에 문제가 생길 수 있는 예비 엄마들을 주요 고객으로 합니다. 한때 6종 반찬 다이어트가 유행한 적이 있습니다. 육류, 생선, 해초, 콩류, 달걀, 채소 등의 반찬을 배부르게 충분히 먹으면 탄수화물, 당, 기름의 과잉섭취를 막을 수 있다고 해서 제법 인기가 있었습니다. 하지만 오래 지속되진 못했는데, 혼자서 매일 여섯 가지 반찬을 준비한다는 게 지나친 부담인데다 같은 반찬을 반복해서 먹다 보니 금세 질린 것입니다. 맛있는 6종 반찬 다이어트 도시락은 살을 뺐으면 좋겠는데 너무 바쁘거나 게을러서 도저히 못하겠다는 여성들이 주요 고객입니다.

장수 도시락은 고령자의 건강과 입맛에 맞는 도시락입니다. 이렇게 세 종류의 건강 도시락 중 한 가지만 선택을 해서 주 3회 아침 일찍 배달을 합니다. 주 3회로는 효과가 없다고 생각할 수도 있습니다. 일주일 21끼니 중 겨우 세 끼이니 맞는 말입니다. 건강 도시락의 핵심은 음식에 대해 항상 '의식'하게 만드는 게 아닐까 합니다. 다이어트의 경우, 성공하려면 무엇보다도 '긴장감'을 유지해야 한다는 걸 깨닫게 하는 거죠.

주 3회, 15명의 고객을 확보해서 배달합니다. 차로 두 시간 이내의 거리에 사는 고객으로 제한합니다. 일주일에 여섯 시간 한 달에 24시간의 업무량에 가격은 700엔으로 합니다. 도시락을 만드는 건 유기농 식당 등을 경영하는 친구에게 위탁하고, 구매가격은 500엔으로 합니다. 식당의 수입은 매달 9만엔, 몇 군데 레스토랑에 문의하니 긍정적으로 받아들였습니다. 도시락 하나에 200엔씩 남기면 한 달에 3만6,000엔. 주유비와 기타 경비를 제하면 월 3만엔이 됩니다.

유기농 식당에서 직접 해도 되지 않느냐고 생각하실지 모르지만, 고객 확보를 위한 영업이나 배달에 드는 노력에 비해 수익이 크지 않으므로 식당에서는 관심을 갖지 않습니다. 시간이 남는 주부가 겸업으로 하면 어떠냐고 생각하실 수도 있지만, 위생과 영양관리를 보장할 수 없다는 리스크가 있습니다. 주 6회, 30명의 고객으로 수입을 네 배 늘리면 더 좋지 않느냐고 생각하실 수도 있지만, 그만한 고객 확보가 쉽지 않습니다.

이 비즈니스 모델의 키포인트는 맛나고 건강에도 좋은 도시락의 품질을 보장할 수 있느냐는 것입니다. 식당에 일임해서 될 일이 아닙니다. 감시를 하라는 이야기는 아니고, 함께 품질을 향상하도록 끊임없이 노력해야 한다는 뜻입니다.

'3만엔 비즈니스'라고 해서 비즈니스의 본질이 바뀌는 건 아닙니다. 상품과 영업의 질을 끊임없이 개선하기 위한 노력은 필수입니다.

건강 도시락 배달 서비스

▶ 아이를 위한 안심도시락, 여성을 위한 6종 반찬 다이어트 도시락, 고령자를 위한 장수 도시락 중 한 가지 아이템을 골라 주 3회, 15명의 고객에게 배달
{(700엔-위탁제조비 500엔)×주 3회×월 4주} -기타 경비 6,000엔=월 3만엔

▶ 고객은 아이의 건강을 염려하는 바쁜 부모, 건강하게 다이어트하고 싶어 하는 여성, 건강에 신경 쓰는 고령자 등

▶ 키포인트
1. 맛있고 건강에도 좋은 도시락
2. 주 3회, 15명의 고객으로 한정
3. 제조는 유기농 식당에 위탁
4. 식당과 함께 품질 유지와 향상을 위해 끊임없이 노력한다.

장보기 대행 서비스

일본에는 약 4만3,000개의 편의점이 있습니다. 인터넷 쇼핑은 다음날이면 물건이 배달될 만큼 편리합니다. 일본 전국에 8,000만대의 차량이 있다고 하니 차를 타고 가서 쇼핑을 하는 것도 별 어려움은 없을듯합니다.

그런데 정부 발표에 따르면 일본 국민 20명 중 한 명꼴인 600만명이나 되는 사람이 혼자서는 쇼핑이 불가능한 '쇼핑난민'이라고 합니다. '편의'란 게 사회적 약자를 위한 편의가 아니라, 체력이나 경제력이 있는 사람을 위한 편리함이라는 뜻인 모양입니다.

그래서 '쇼핑대행' '3만엔 비즈니스'를 생각해볼 수 있습니다. 이 키워드를 인터넷에서 검색해보면 엄청나게 많은 아이템이 뜨지만, 대개는 해외에서 구매하는 '명품 쇼핑대행 서비스'들 뿐입니다. 600만명이나 되는 '쇼핑난민'을 위한 '장바구니 대행 서비스'는 보이지 않습니다.

소형 트럭으로 배달이 가능한 거리에 사는 10명의 고객을 확보합니다. 정부 발표대로라면 200명이 사는 지역에서 10명을 확보할 수 있습니다. 주 1회 방문해서 쇼핑아이템을 확인하고 장을 봐서 배달합니다. 쇼핑 대상은 슈퍼마켓을 포함해서 여섯 점포 이내로 제한합니다. 한번 실험을 해봤는데 5시간 정도면 가능합니다. 1인당 서비스 요금은 800엔을 받습니다. 월 4회로 3,200엔, 10명이면 3만2,000엔, 주유비 2,000엔을 빼면 월 3만엔 수입이며 소요시간은 20시간입니다.

한때 심부름센터라는 업종이 유행한 적이 있습니다. 아직 영업을 하는 곳이 있는데, 장바구니 대행 서비스는 회당 3,000엔을 받는다고 합니다.

매달 1만2,000엔은 경제적 여유가 있는 사람이 아니면 부담스러운 금액입니다.

이런 비즈니스를 전업으로 하려면 고가품으로 제한하거나 부유층만을 대상고객으로 삼아야 합니다. '3만엔 비즈니스'는 서민이나 사회적 약자를 위해서 적절한 가격의 서비스를 제공할 수 있다는 점에서 더욱 의미가 있습니다.

평범하지만 약자에게 도움이 되는 '3만엔 비즈니스'는 얼마든지 있습니다. 여기서 중요한 것은 이런 분들과 따뜻한 인간관계를 맺는 것입니다. 물건을 대충 사는 게 아니라 정성을 다해서 장을 보도록 합니다. 피곤해서 적당히 해치우고 싶을 때도 있겠죠. 당연히, 그래선 안 됩니다.

장보기 대행 서비스

▶ 주 1회 장바구니 대행 서비스
(800엔 × 월 4회 × 10명) - 주유비 2,000엔 = 월 3만엔

▶ 고객은 혼자서 장을 보는 게 불편한 사람들 : 고령자나 장애인

▶ 키포인트
1. 소형 트럭으로 순회할 수 있는 범위로 한정
2. 고객은 10명으로 한정, 구매 점포도 다섯 개로 한정
3. 정성스런 장보기

솔라 시스터즈, 에코하우스 투어

오스트레일리아 브리스벤 교외에 '솔라 시스터즈'라는 유명한 자매가 살고 있습니다. 미모의 자매를 상상했는데, 직접 만나보고 외모가 아니라 그분들의 비즈니스 모델에 반했습니다.

견학을 위해서 인터넷으로 예약을 하고 약속장소로 갔습니다. 집합장소에 모여서 각자의 차량으로 이동하는데, 그날은 6대의 차량에 15명이 참가했습니다. 일행을 선도하는 것은 자매가 탄 차입니다.

자매의 안내로 방문하는 곳은 지역의 '에코하우스'들입니다. 에너지를 절약하기 위해서 여러 가지 노력을 기울이고 있는 일반 가정을 방문하는 것입니다. 방문한 가옥에서는 주부들이 열심히 설명을 해주었습니다. 예를 들면, 장작스토브와 가스버너를 결합한 오븐. 가스버너의 역할은 장작에 불을 붙이는 것입니다.

"장작은 불을 붙이는 게 귀찮다는 점에 착안한 도구예요."

주부는 자신만만하게 설명하고 참가자들은 끊임없이 질문을 던집니다. 설명이 이어지는 동안 솔라 시스터즈는 가만히 듣고 있기만 합니다. 안내료는 1인당 1,000엔 가량입니다.

환경관련 견학이라면 무슨무슨 연구소, 무슨무슨 센터, 무슨무슨 에코파크, 이런 식으로 거창한 곳들이 떠오르는데, 이런 곳들은 아무리 좋은 볼거리가 있어도 현실과는 동떨어진 이미지를 주는 경우가 많습니다. 오히려 일반 가정의 작은 실천들이 더 마음에 와 닿고 따라하고 싶다는 동기를 부여합니다.

솔라 시스터즈의 비즈니스 모델을 '3만엔 비즈니스'에 맞게 정리해봤습니다. 견학은 월 2회, 자기가 사는 지역의 에코하우스 6가구 정도를 파악하고 협력관계를 맺은 후 솔라 시스터즈가 견학을 안내합니다.

물론 각 에코하우스는 사람들이 확실히 감동을 받을 정도의 노력을 기울이는 곳이어야 합니다. 참가자 모집은 인터넷으로 하고 지역 미디어의 협력도 받습니다. 광고비를 따로 지불하는 형식은 물론 안 됩니다. 안내료는 1인당 2,000엔. 1회 참가자는 견학이 충실해지도록 15명으로 제한합니다.

월수입은 6만엔, 이중 2만4,000엔을 에코하우스에 나누어 줍니다. 가구당 4,000엔입니다. 남는 3만6,000엔에서 기타 비용 6,000엔을 빼면 월 3만엔이 됩니다. 한 달에 10시간 정도의 업무로 실행이 가능합니다.

이 비즈니스는 파생효과도 적지 않은데, 자신의 집에 환경과 에너지에 대한 노력을 기울였더니 솔라 시스터즈가 견학을 주선하더라는 소문이 나면 아마 적지 않은 가정이 참여를 희망하게 될 것입니다. 결론적으로 보다 많은 가정이 환경에 대해 의식을 갖고 일상생활에서 실천하는 효과가 나타납니다. 오스트레일리아에서 실제로 벌어진 일입니다.

한 달에 4,000엔 벌자고 두 번씩이나 다른 사람들에게 자기 집을 공개하는 사람이 있을까 싶지만 의외로 많은 이들이 참여합니다. 누구나 자신의 노력을 사람들에게 자랑하고 싶고 칭찬받고 싶은 마음이 있기 때문입니다. 거기다 짭짤한 부수입도 생기니 마다할 이유가 없습니다. 지역 주민들이 각자 창의성을 발휘하여 환경을 개선하는 선의의 경쟁을 하는 모습은 생각만 해도 흐뭇합니다.

이 비즈니스는 주제를 환경이나 생태로 한정할 필요가 없습니다. 정원 가꾸기를 좋아하는 사람들을 대상으로 '플라워 시스터즈'를 해도 되고,

DIY를 좋아하는 사람들을 대상으로 '목수 브라더스'를 해도 됩니다. 모두 한번 생각해봅시다.

> **솔라 시스터즈, 에코하우스 투어**
>
> ▶ 지역 에코하우스 투어리즘
>   (1인당 2,000엔×15명×월 2회)-기타 경비=월 3만엔
> ▶ 고객은 에코하우스에 흥미가 있는 사람
> ▶ 키포인트
>   1. 독특한 에코하우스에 사는 이웃 확보
>   2. 월 2회, 1회 15명으로 한정
>   3. 인터넷과 미디어로 광고 활동

효모 비즈니스

지금까지는 언제든지 바로 시작할 수 있는 비교적 간단한 '3만엔 비즈니스' 사례를 소개해드렸습니다. 지금부터는 다소 준비기간이 필요한 '3만엔 비즈니스'를 소개할까 합니다. 당연히 이런 일거리가 더 많습니다.

일본인을 포함해서 아시아인들이 특히 좋아하는 발효식품과 관련한 효모 비즈니스가 좋은 예입니다. 된장, 간장, 전통 술, 맥주, 와인, 낫또, 빵, 치즈, 김치, 피클, 요구르트 등 발효식품은 셀 수 없이 많습니다. 우롱차나 바닐라처럼 발효식품인 줄 모르고 먹는 음식도 적지 않습니다. 발효식품이 전체 식품에서 점하는 비율에 대한 통계치는 본 적이 없지만 대강 15% 정도가 아닐까 합니다. 일본의 가구당 평균 3.45명 식비는 월 평균 7만1,050엔 2008년 일본 정부 통계이라고 합니다. 이 금액의 15%면 약 1만엔, 년 간 12만엔, 10년이면 120만엔이나 됩니다.

앞에서 예로 든 발효식품을 시험 삼아 직접 만들어 보면서 배운 점이 네 가지 정도입니다. 첫째, 한번 익숙해지면 만드는 게 별로 어렵지 않지만 좀 질리는 경향이 있습니다. 둘째, 조금만 공들이면 돈 주고 사는 것보다 훨씬 맛있게 만들 수 있는 것도 있고 아닌 것도 있습니다. 셋째, 스스로 만들면 돈이 거의 안 드는 것도 있고 돈 주고 사는 게 더 싼 것도 있습니다. 넷째, 스스로 만들면 건강을 해치는 재료와 화학첨가제 따위는 전혀 쓰지 않고 만들 수 있다는 점입니다.

결론은 질리지 않게 즐기면서 만들 수 있고 맛도 있으며 비용도 많이 들지 않는 아이템을 잘 고른다면 '건강에 좋고 맛있고 저렴한 발효식품을 즐겁게 만들 수 있다.'는 최적 솔루션이 된다는 겁니다.

먼저 맛있는 아이템을 고릅니다. 그 중에서 다시 저비용 아이템을 추려내고, 끝으로 어떻게 하면 싫증내지 않고 만들 수 있을까를 궁리합니다. 좋은 예가 와인입니다. 유기농 포도주스만 있으면 간단히 만들 수 있습니다.

당도가 높고 진한 주스를 고릅니다. 여기에 효모를 집어넣고 기다리는 것으로 끝. 시음해본 분들은 대부분 예상외의 훌륭한 맛에 놀랐습니다. 제가 기술을 전수해준 제자들도 자신의 작품을 맛본 이들의 칭찬에 우쭐했다고 합니다. 자화자찬이 아니라는 걸 입증한 셈이죠.

요구르트는 와인보다 더 간단합니다. 품질 좋은 우유에 요구르트 균을 넣고 하루 정도 적절한 온도에서 보관하면 됩니다. 종류가 매우 다양한 요구르트 균은 엄밀히 따지면 효모가 아니라 유산균과 같은 세균의 일종입니다. 좋은 균을 적절히 사용하면 돈 주고 사는 제품보다 훨씬 맛있고 비용도 저렴합니다.

빵의 경우엔 솜씨 좋은 제빵사가 만든 빵맛을 따라갈 수는 없습니다. 하지만 갓 구운 빵의 맛은 다른 이야기입니다. 스스로 만들어 갓 구워 먹는 빵이라면 충분히 전문 장인의 솜씨 못지않게 매력적입니다.

이렇게 많은 예가 있지만, 공통점은 좋은 효모를 사용하는 것이므로 키 포인트는 좋은 효모를 확보하는 것입니다.

이 비즈니스를 준비하기 위해 필요한 일은 1년 정도 효모 배양과 각종 발효식품을 만드는 기술을 배우는 것입니다. 우선 동료 10여 명을 규합해서 팀으로 배우도록 합니다. 혼자서 하다 보면 시간이 너무 많이 걸리고 도중에 흥미를 잃을 수도 있습니다. 각자 나눠서 기술을 배우는 게 효율적입니다. 서로 격려와 협동관계를 유지할 수 있으며 선의의 경쟁도 할 수 있습니다. 10명이 시작하면 적어도 2~3명은 끝까지 갈 수 있을 겁니다.

기술 습득이 끝나면 각자 자기 지역에서 발효식품 만들기 교실을 엽니다. 학생들은 와인, 빵, 맥주 어느 것이든 자기가 배우고 싶은 아이템에 도전하게 합니다. 교실은 한 달에 2회, 한번에 10명으로 한정해서 학생들끼리는 물론이고 선생님과도 친해지게 합니다. 수강료로 회당 1,500엔을 받으면 월 3만엔이 됩니다. 효모를 비롯한 재료제공비는 별도로 받아서 광열비나 식기 감가상각비를 제하면 월수입 3만엔은 유지됩니다. 학생을 지속적으로 확보할 수 있을까 걱정하실 수도 있지만, 아이템을 바꿔 가면서 재미있게 교실을 진행하면 같은 학생들이 10년간 계속 다닐 수도 있습니다.

1년이나 준비해서 겨우 월 3만엔 버냐고 생각하실 수도 있지만, 가족을 위해 맛있고 값싸고 건강한 음식을 스스로 만들 수 있는 능력도 키우고 월 2회 10시간 정도 들여 3만엔이라는 부수입도 생기는 일이라면 한번 해 볼만 하지 않을까요?

효모 비즈니스

▶ 발효식품 자가 제조 교실을 열고 효모도 제공
 (수강료 1,500엔×10명×월 2회)+재료(효모 등)제공비 1만엔-기타 경비 1만엔 =월 3만엔
▶ 고객은 건강에 좋고 맛있는 발효식품을 스스로 만들고 싶어 하는 사람들
▶ 키포인트
 1. 맛있는 발효식품을 만드는데 필요한 좋은 효모를 확보하고 기술도 습득
 2. 월 2회, 1회 10명 한정
 3. 즐거움 연출

태양열 오븐 만들기

일본은 지난 50년 동안 고도의 경제 성장기를 거치면서 세계 3위의 부국이 되었습니다. 그 대가가 '금전의존사회'입니다. 제 손으로는 생활에 필요한 무엇 하나 만들 수 없고, 오로지 남이 만든 걸 돈 주고 사는 습관에 중독되었습니다. 그러다 보니 생존을 위해선 무엇보다도 돈이 필요하게 됐고, 더 많은 돈을 벌기 위해 몸과 마음이 지칠 때까지 일하는 게 당연하게 됐습니다. 오로지 돈을 많이 벌어 물질적 부를 쌓는 게 행복의 유일한 척도가 됐습니다.

최근 이런 상황에 반기를 들고 물건이든 음식이든 스스로 만들어 보자는 움직임이 젊은이와 여성을 중심으로 나타났습니다. 그 결과, 무엇이든 함께 만들기 워크숍이 제법 유행하고 있습니다.

취미와 관심사를 공유하는 사람들이 워크숍이라는 형태로 모여서 함께 즐기며 공동 작업으로 무엇이든 만들어 내는 게 일종의 문화로 자리 잡고 있습니다. 이런 워크숍은 동호회에서 비즈니스와 관계없이 주관하는 경우도 많지만, 훌륭한 '3만엔 비즈니스' 아이템이 되기도 합니다.

좋은 예가 태양열 오븐 만들기 워크숍입니다. 태양열 오븐은 햇볕을 집열 초점 상자에 모아주는 것으로 섭씨 150도까지 올라가기 때문에 어지간한 조리는 가능합니다. 약간 특수하게 설계하면 섭씨 200도까지도 올라가므로 빵과 피자도 구울 수 있습니다. 태양열 쿠커도 거의 비슷한 원리인데 집열 초점에 주전자나 냄비 등을 놓아둔다는 것만이 다를 뿐입니다. 따지고 보면 가스오븐과 비슷합니다.

미국에서는 활용 범위가 넓은 태양열 오븐이 인기 있지만 일본에서 태양열 쿠커가 더 유행입니다. 이렇게 만들어 놓으면 고온 처리가 가능해서 건조기 등의 용도로도 사용 가능합니다. 건조식품을 만들거나 음식쓰레기를 말릴 수도 있습니다. 시험 삼아 건조식품 전용 태양열 건조기를 만들어 봤더니 모두들 좋아합니다. 먹다 남은 채소, 과일, 생선 등 무엇이든 건조식품으로 만들 수 있습니다. 허브는 푸른빛을 띤 채 바삭바삭해져서 손으로 문지르면 가루가 될 정도로 잘 건조됩니다.

이처럼 쓸모가 많은 태양열 오븐 만들기 워크숍이라면 제법 인기를 끌수 있을 것 같습니다. 재료비는 1만엔 정도면 되는데, 1회 6명으로 한정해서 두 달에 한번, 2만엔씩 받으면 1년에 36명, 1인당 1만엔씩 남으므로 1년 간 36만엔, 월 3만엔 수입이 됩니다. 워크숍 한번에 30시간 정도 소요되므로 한 달에 15시간 일한다고 보면 됩니다. 6명이지만 6조의 팀으로 참가해도 됩니다. 초등학생과 엄마가 함께 만드는 모습을 생각하면 흐뭇하기 그지없습니다. 배우는 인원이 많지 않으므로 자신의 집 등 빈 공간을 작업장으로 활용할 수 있습니다.

워크숍 비즈니스의 포인트는 1년에 36명의 참가자를 모을 수 있을 정도로 적당한 가격에 간단히 만들 수 있으면서 쓸모도 많은 아이템을 선택하는 것입니다. 태양열 오븐은 완제품을 사려면 10만엔은 지불해야 하므로 2만엔이면 매력적인 가격이 아닌가 합니다.

여기에 잊지 말아야 할 것은 워크숍 자체를 즐길 수 있도록 재미있는 분위기를 연출하는 것입니다. 좋은 물건을 값싸게 만들 수 있다는 점만으로 충분하다고 생각해서는 안 됩니다.

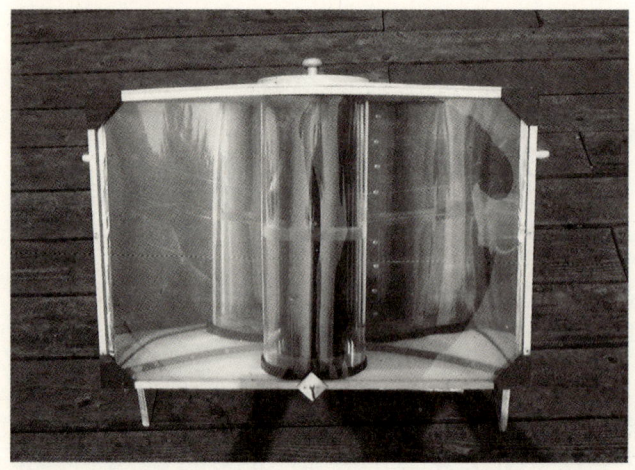

'비전력공방'의 태양열 건조기

태양열 오븐 만들기

▶ 태양열 오븐 만들기 워크숍을 1년에 6회 개최
 (참가비 2만엔－재료비 1만엔)×6명×연간 6회=월 3만엔

▶ 고객은 만들기와 재생에너지에 관심이 많은 사람

▶ 키포인트
 1. 10만엔이나 하는 기성품을 2만엔이면 스스로 만들 수 있다.
 2. 1회 참가는 6명으로 제한, 1년에 6회 개최
 3. 즐거움 연출

커피 생두 비즈니스

비전력 커피 로스터기를 5년 전에 만들어서 일반인에게 판매하고 있습니다. 커피를 로스팅하는데 4~5분, 식히는데 10분, 로스팅한 원두를 가는데 4분, 내리는데 5분, 이렇게 25분이면 신선하고 향기로운 커피 한 잔을 마실 수 있습니다. 5년간 9,000대나 팔렸습니다. 영업을 전혀 하지 않았는데도 말이죠.

아마 30년 전이라면 한 대도 못 팔았을 겁니다. 고도 경제 성장기에 1분 1초가 아까운데 느긋하게 30분이나 기다려서 커피를 마실 사람은 별로 없었을 테니까요. 슬로우 푸드나 슬로우 라이프처럼 삶의 질을 중시하고 자기가 좋아하는 일을 스스로 하고 싶다는 생각을 가진 사람들이 늘고 있습니다.

즉석에서 로스팅해서 마시는 커피는 산화할 시간이 없으므로 그야말로 건강음료입니다. 커피 생두는 로스팅한 원두의 절반 가격입니다. '바로 로스팅하고 바로 갈아서 바로 내리는' 맛있고 몸에 좋은 커피를 마시는 사람들을 위한 비즈니스를 생각해볼 수 있습니다. 우선 12명 정도를 모아서 작은 동호회를 만듭니다. 12명이 한 달에 두 번 정도 순번을 정해 돌아가면서 집에 모여 커피를 마시며 친교를 가집니다. 매번 모이는 인원은 평균 8명, 회비는 1인당 400엔을 받아 200엔은 재료비로 사용하고 200엔은 장소를 제공한 분에게 드립니다. 이렇게 하면 아마 8명 중 1.5명 정도는 매일 집에서 맛있는 커피를 마시고 싶어서 로스터기와 생두를 구매하는 고객이 되겠죠. 로스터기는 5,000엔쯤 하는데 이윤은 많이 남기지 않습니다. 50년은 사용할 수 있도록 튼튼하게 만들어져서 실제 주수입원은

정기적으로 공급하는 생두입니다.

커피를 좋아하는 사람은 가족이나 손님에게 내놓는 분량을 합치면 1년에 약 10kg의 생두가 필요합니다. 한잔에 10g씩 1년 간 1,000잔을 마신다는 계산입니다. 로스팅한 고급 원두는 1kg에 4,000엔 정도 합니다. 농약이나 화학비료를 사용하지 않은 유기농 생두는 2,500엔이면 구할 수 있습니다. 로스팅한 원두의 60% 가격이므로 1년에 1만5,000엔을 아낄 수 있습니다. 이 정도면 5,000엔 하는 로스터는 수지맞는 투자입니다. 36명의 고객을 확보하면 연간 90만엔, 그 중 40%의 마진을 취하면 연간 수입은 36만엔, 월 3만엔 수익이 됩니다.

2년차부터는 커피 동호회 모임을 월 1회로 줄입니다. 이탈자들도 조금씩 나올 텐데, 신규 회원을 충원해서 수입을 일정하게 유지합니다. 회원을 유지하려는 노력을 많이 기울이면 이탈율은 10%, 그렇지 않으면 30%가 경험치에 의한 결과입니다. 회원을 유지하기 위한 노력의 일환으로 새로운 커피 원두를 발굴하거나 새로운 블랜딩을 시험해보는 것도 중요합니다. 그러나 제일 중요한 것은 즐겁게 대화를 나누고 따뜻한 인간관계를 유지하는 일입니다.

소비자가 물건을 사기로 결정할 때는, 싸고 질 좋은 물건이 필요하니까 구매한다는 합리성 이상으로 사고 싶은 기분 때문에 산다는 감성의 영향이 크게 작용합니다. 바꿔 말하면 사고 싶은 즐거운 기분이 들게 만드는 건 감성이고, 가격과 품질을 따져서 사지 않도록 유도하는 게 합리성입니다. 때문에 늘 즐거운 분위기를 유지하는게 중요합니다. 경쟁 비즈니스라면 신규 고객을 확보하거나 새로운 물건을 파는데 주력하겠지만, '3만엔 비즈니스'는 좋은 관계를 유지함으로써 즐거움을 주고 비즈니스도 지속되도록 하는 게 더 중요합니다.

'비전력공방'에서 제작한 커피 로스터기

커피 생두 비즈니스

▶ 유기농 커피 생두 판매
(1년간 1인당 2만5,000엔-원가 1만5,000엔)×36명/12개월=월 3만

▶ 고객은 커피애호가

▶ 키포인트
1. '바로 로스팅하고 바로 갈아서 바로 내리는' 향과 맛으로 감동시킨다.
2. 스스로 만들어 먹는 즐거움을 느끼게 한다.
3. 맛있고 건강에 좋은 생두를 공급한다(로스팅한 원두의 60% 수준 가격).
4. 질리지 않도록 노력을 기울인다.

Q&A로 알아보는 3만엔 비즈니스

5부

2012년 4월 하자센터 주최로 열린 '자공공포럼'

후지무라 야스유키 박사는 2012년 4월 말 하자센터 주최로 열린 '자공공 포럼'*에 참석하기 위해 방한하여 4박 5일 동안 서울, 수원, 장수, 전주 등을 둘러보았다. 바쁜 일정 속에서도 한국의 젊은이들, 귀농·귀촌 가족, 사회운동·대안교육계 관계자, 언론계 종사자들과 '3만엔 비즈니스'의 의미와 가능성에 대해 많은 이야기를 나누었다. 후지무라 박사는 일본에서 『3만엔 비즈니스』가 출간된 이후에 받았던 질문과 독자들의 '오해'가 있는 부분에 대해 아쉬움을 느끼고 있었는데, 그것을 해소할 좋은 기회였다고 한다. 5부는 후지무라 박사가 방한 중에 이야기한 내용을 정리한 것이다.

---

*서울시립직업체험센터인 '하자'가 주최가 되어 청년들의 자립을 위해 소통하는 공론의 장. 경쟁보다는 서로 돕는 마을 공동체 정신을 지향하며, 적정기술, 단골경제, 상호부조를 주제로 2012년 4월에 첫 포럼을 개최했다. '자공공'은 자조(自助), 공조(共助), 공조(公助)의 줄임말이다.

Q: '3만엔 비즈니스'를 창안한 동기는 무엇입니까??

A: 2000년을 기점으로 일본에서는 좋은 학교를 나와 도시에서 좋은 직장을 얻고 많은 돈을 벌면서 소비생활을 즐기는 '출세경쟁지향' 젊은이와, 자연과 가까운 시골에서 좋아하는 친구들과 서로 도우면서 돈은 적지만 행복하게 사는 걸 희망하는 '평화공생지향' 젊은이의 비율이 역전되었습니다. 이는 젊은이들이 과거 고도 경제 성장기의 '성장과 개발지상주의' 환상에서 깨어나 지속가능하고 생태 친화적인 삶을 원하게 되었다는 의미입니다. 최근 일본 고교생 35만 명에게 여론 조사한 결과를 보면, 응답자의 반 이상이 '자신의 미래에 대단한 기대를 갖고 있지 않으며 '경쟁해서 출세하고 싶다'는 생각 따위는 하지 않는다고 답했습니다.

이런 생각을 하고 있는 젊은이들 중 상당수가 1995년~2000년에 시골 이주를 감행했지만, 결과는 실패와 절망뿐이었습니다. 일본의 시골에는 변변한 일자리가 없기 때문에 그들은 결국 도시로 돌아와서 과거의 경쟁형, 시스템 의존형 생활로 회귀할 수밖에 없었습니다. 이 젊은이들은 일본 사회의 이른바 오피니언 리더, '중장년층 남성'으로 대표되는 엘리트들이 자신들의 문제에 적절한 해답을 주지 못하고 일본 사회를 올바른 방향으로 이끌지도 못한다는 것도 깨달았습니다. 이런 기득권층은 눈앞의 이익 밖에 챙기지 않는다는 걸 알아차린 것입니다.

제가 '3만엔 비즈니스'를 생각해낸 건 이런 젊은이들에게 기성세대와는 다른 방식으로 해답을 제시하고 싶었기 때문입니다. 지난 4년 동안 일본 각지에서 강연과 워크숍을 하면서 '3만엔 비즈니스'의 개념을 소개해 왔습니다. 어느 정도 알려졌다 생각할 무렵, 3. 11. 도호쿠 쓰나미 사태와 후쿠시마 핵발전소 사고가 터졌습니다. 이 충격적인 사건을 계기로 지금까지는 어쩔 줄 몰라만 하던 젊은이들이 이제는 행동에 나서야 할 때라고 느끼는 것 같았습니다. 그들에게 도움을 주고 싶어서 '3만엔 비즈니스'를 글로 정리하여 2011년 7월 1일 일본에서 출간했습니다. 반년 만에 6쇄를 찍었고 일본 전역에서 저와 일면식도 없는 젊은이들이 오로지 그 책을 읽고 자발적으로 워크숍 등 모임을 결성하여 '3만엔 비즈니스' 모델을 창안하거나 실행에 옮기고 있습니다.

이번에 강연과 워크숍에서 만난 한국의 젊은이들은 서울과 지방을 막론하고 대부분 밝고 행복한 얼굴이었습니다. 그런데 돈은 별로 많아 보이지 않더군요. 지금은 '글로벌라이제이션'의 결과로 선진국이나 개발도상국이나 후진국 등 그 어느 곳에서도 '돈'이 행복의 유일한 기준이 되었습니다. 가난한 사람들은 표정이 늘 어둡습니다. 제가 '적정기술'로 돕고 있는 몽골과 아프리카의 친구들은 예전에는 가난했지만 행복만족도가 높았습니다. 지금은 다들 어떻게 하면 경제가 '성장'하고 돈을 많이 벌 수 있는지 골몰하느라 웃음을 잃은 지 오래입니다.

제 강연과 워크숍에 온 한국의 젊은이들은 행복은 돈으로 살 수 있는 게 아니라 자연과 이웃과 가족과 친구들과 함께 하는 생활에서만 얻을 수 있다는 걸 알기 때문에 밝은 표정을 간직하고 있다고 생각합니다. 하지만 아무리 자급자족도를 높인다고 해도 어쨌든 약간의 돈은 필요합니다. '3만엔 비즈니스'는 이 약간의 돈을 '착한 일을 하면서' '친구들과 서로 도우면서' '편하게' 벌 수 있는 방법에 대한 작은 '힌트'입니다.

Q: '착하게 살자'의 비즈니스 버전인 '동화 같은 이야기'를 현실에서 이루는 것에 회의를 품는 사람도 있지 않나요?

A: '3만엔 비즈니스'의 첫번째 원칙은 한 아이템으로 '월 3만엔' 이상은

벌지 않는 것입니다. 아이템이 좋으면 6만엔이나 10만엔도 벌 수 있지만 일부러 그렇게 하지 않습니다. 월 6만엔을 벌 수 있으면 일거리를 친구와 나눠서 각자 월 3만엔씩 벌고 또 다른 '3만엔 비즈니스'를 찾아 나섭니다. 이게 가능한 이야기일까요? 일본의 중장년 남성 50여 명에게 물어보았습니다. 열이면 열 모두 콧방귀를 뀌었습니다. 20~30대 젊은이들 50여 명에게 같은 질문을 던졌습니다. 대부분의 젊은이들이 할 수 있다고 답했습니다. 그 젊은이들이 '말로만 착한' 대답을 한 걸까요? 그럴 수도 있겠지만, 저는 확실히 일본의 젊은이들이 바뀌었다고 생각합니다. 그래서 기대를 하고 있습니다.

Q: '3만엔 비즈니스'가 성공하는데 필요한 조건이나 사회적 토양 같은 게 있나요?

A: 남을 짓밟고 자신의 이익을 챙기는 걸 당연하게 느끼는 기득권층보다, 나눔을 실천하는데 거부감이 없는 젊은이들이 많아지는 게 가장 중요하다고 생각합니다. 한국의 양극화 문제, 일부 계층의 탐욕 문제에 대해 많이 듣고 있습니다. 결국 한국도 이런 현실에 거부감을 느끼는 젊은이들이 점차 그와는 정반대의 삶을 지향하는 추세로 가지 않을까요?

Q: 일본 젊은이들 다수가 경쟁사회를 회피하게 된 것은 '강요된 선택'인가요? 아니면 '자발적 선택'인가요? 한국 젊은이들 경우는 전자의 사례가 많다 보니 패배의식에 빠진 채 좀처럼 용기를 가지고 능동적으로 '3만엔 비즈니스' 같은 새로운 일에 뛰어들지 못하는 것 같습니다.

A: 양쪽의 경우가 다 있다고 봅니다. 경쟁에 뒤쳐져서 다른 선택지가 없던 경우도 있고, 자발적으로 그런 선택을 한 경우도 있습니다. 경쟁에서 쉽게 승리할 수 있는 '능력'을 가진 경쟁구조 최상부에 위치한 젊은이들이 이런 선택을 하는 경우는 상대적으로 적습니다. 출발점이나 동기가 어느 쪽이든, 이런 선택을 한 젊은이들이 갈수록 많아지고, 그들이 자신만의 '행복'을 찾는데 성공하고, 이런 성공사례를 공유해서 확산할 수 있다면, 그것으로 충분히 좋은 일이라고 저는 생각합니다.

'3만엔 비즈니스'의 원칙 중 하나가 초기 투자와 고정비용을 최소화하고 남는 시간과 공간을 활용하는 것입니다. 때문에 실패했을 때 겪는 리스크를 최소화할 수 있습니다. 일본인들은 리스크를 극도로 싫어해서 좀처럼 새로운 일을 시작하지 않습니다. 그래서 이런 방법론을 생각해낸 것이죠. 패배의식에 빠져 있거나 실패의 두려움에 떠는 한국의 젊은이들도 이처럼 '부담 없는' '3만엔 비즈니스'라면 부담 없이 한 번 도전해볼 수 있지 않을까요??

인간은 용기와 희망을 잃었을 때 가장 불행합니다. 그 잃었던 용기와 희망을 되찾았을 때 남녀노소를 불문하고 눈물을 흘립니다. 저는 발명가로서 용기와 희망을 잃은 사람들에게 이를 되돌려주는 게 소명이라고 생각하면서 살아왔습니다. 한국과 일본의 젊은이들에게 저의 최신 발명품인 '3만엔 비즈니스'가 그런 역할을 했으면 좋겠습니다.

Q: '월 3만엔'이라는 금액은 어떻게 정해진 건가요?

A: '월 3만엔'은 어느 날 갑자기 튀어나온 숫자가 아닙니다. 이 숫자를 만들기 위해 머릿속으로 많은 시뮬레이션을 해본 끝에 2만엔도 4만엔도

5만엔도 아닌 3만엔이란 숫자를 얻게 됐습니다. 이 숫자를 얻기 위해 크게 두 가지 측면을 고려했습니다.

하나는 도시와 지방_{시골}생활의 평균 소득과 지출 수준을 가구 형태별로 정리해서, 과연 어느 정도 수입이면 자신이 '가난'하다고 느끼거나 혹은 '부유'하다고 느낄 것인가를 고려했습니다. 다른 하나는 어느 정도 '수익'을 내는 사업이어야 '경쟁'을 불러일으키지 않을까 하는 것이었습니다.

이해하기 쉬운 후자를 설명해볼까요. 간단합니다. '3만엔 비즈니스'는 하나의 아이템으로 월 3만엔을 벌기 위해 한 달에 이틀 이상을 일해서는 안 됩니다. 한 달에 이틀만 일하고 3만엔을 벌 수 있다면 그럭저럭 괜찮은 사업이죠? 비즈니스 아이템을 열 개 정도 한다면, 한 달에 20일 일해서 월 30만엔도 벌 수 있습니다.

그런데 한 달에 이틀만 일해서 3만엔 이상을 버는 아이템이라면 어떨까요? 아마 누구나 몸이 달아서 하고 싶어할 겁니다. 그 누구나에는 대자본과 글로벌 자본도 포함됩니다. 한국에서 재벌기업들이 골목 상권까지 장악하고 있다는 이야기를 들은 적이 있습니다. '3만엔 비즈니스'의 정신은 경쟁하고 빼앗는 게 아니라 서로 나누어 가지는 것입니다. 과도한 경쟁을 유발하지 않으면서도 일정한 수익을 올릴 수 있는 금액이 제가 보기엔 월 3만엔이었습니다. 이 정도의 '사소한' 금액이라면 자본의 무시무시한 눈길로부터 비껴나 있을 수 있고, 아이템도 무진장 발굴할 수 있을 테니까요.

Q: '3만엔 비즈니스'를 몇 개 정도 하는 게 이상적인가요?

A: 앞 질문의 답변을 계속하면서 자연스럽게 설명이 가능할 것 같네요.

전자를 설명하려면 머리가 약간 아프실 수도 있지만 수치를 동원해야 합니다. 자세한 내용은 이 책의 '1부'에 있는 '지출의 법칙'을 참조해주세요. 여기서는 간단하게 예를 들어보겠습니다.

일본의 시골에 사는 독신 젊은이가 '나는 정말 가난하구나'라고 느끼는 소득은 월 10만엔 정도입니다. '이 정도면 꽤 먹고 살만하다', '이 정도면 나는 윤택한 삶을 누리고 있다'고 느끼는 금액은 월 20만엔 정도입니다. 일본 사회는 극단을 피하는 성향이 있으므로 차이가 그리 크지 않게 느껴질 것입니다. 한국은 이 금액의 폭이 좀 더 넓을 수도 있습니다.

그러면 제가 생각하는 이 젊은이의 적절한 소득액은 얼마일까요? 딱 중간인 15만엔일까요? 아닙니다. 9만엔 정도입니다. 말이 안 된다고 생각하시거나, 제가 청빈과 고행을 낙으로 삼는 '안빈낙도'의 전도사라고 생각할 수도 있습니다. 그건 아니고요, 이 금액은 '3만엔 비즈니스' 아이템을 세 개 하면 얻을 수 있는 소득입니다.

자, 이제부터가 핵심입니다. '3만엔 비즈니스'를 세 개 한다면, 한 달에 며칠을 일해야 할까요? 한 아이템에 이틀을 넘기면 안 되니까 모두 6일입니다. 그러면 한 달에 24일은 노는 날인 셈이죠. 한 달에 24일, 일주일이면 5~6일쯤 되는 이 휴식시간을 어떻게 쓸까요? 제가 권해드리고 싶은 건 이 시간을 활용해서 가족, 친구, 동료들과 함께 살 집을 짓고, 먹을 채소와 곡물을 재배하고, 닭을 키우고, 사용할 에너지를 생산하고, 아이들을 가르치고, '돈이 들지 않는 놀이'를 즐기라는 것입니다. 즉 '자급자족' 생활을 실천하라는 것입니다. 이렇게 자급도를 높이면 자연히 지출이 줄어들게 되고, 20만엔이 아니라 그 절반인 9만엔으로도 충분히 생활이 가능해집니다. 9만엔 중에서 3~4만엔 정도는 저축을 할 수 있을지도 모릅니다.

지금 여러분의 삶은 어떠한가요? 매연으로 가득한 도시에서 야근과 잔업을 밥 먹듯이 하고 있지 않나요? 주 5일 동안 마음에 들지 않는 일을 하거나 반사회적이기까지 한 '밥벌이'를 하면서 돈을 법니다. 주중의 '자기희생'을 보상받고 '사회적 속죄'를 하기 위해 주말에는 취미 활동을 하거나, 가족과 시간을 보내거나, 혹은 자원봉사나 NGO 활동으로 '더 바쁘게' 보냅니다. 스트레스가 풀리기는커녕 더 쌓입니다. 이를 해소하기 위해 더 자극적인 주말 활동이 필요합니다. 결국 돈이 더 필요하게 됩니다. 그럼 주중에 더욱 열심히 일을 해야 하고…… 그런 악순환이 계속됩니다. 이런 소모적 삶보다 제가 제시하는 삶이 훨씬 매력적으로 들리지 않나요?

저는 '3만엔 비즈니스'를 열 개 정도 해서 한 달에 20일 일하고 월 30만엔을 버는 걸 권하지 않습니다. 그것은 지금처럼 도시에서 직장 생활을 하는 것과 큰 차이가 없습니다. 가능하면 '돈 버는' 활동은 최소화하고, 그 시간을 이웃과 함께 자급자족에 힘 쓰는 게 자연과 인류 모두를 '막장'으로 몰아가는 지금의 '경제·사회 시스템'에서 벗어나 '행복'하게 살 수 있는 방법입니다.

'3만엔 비즈니스'의 적정 개수에 대한 자세한 설명은 '1부'의 '지출의 법칙'을 참고해주세요. 아무튼 '월 3만엔'은 적절한 시간을 들여서 생기는 적절한 소득 금액을 기준으로 산출한 것입니다. 한 아이템 당 '월 3만엔'만 버는데 더 벌고 싶으면 다른 아이템을 겸업하라고 권하는 건, 한편으로는 친구와 일거리를 나누고 다른 한편으로는 경기와 소비 동향에 상관없이 늘 일정한 수입을 올릴 수 있도록 여러 아이템을 포트폴리오로 갖추었기 때문입니다.

Q: '3만엔 비즈니스'의 '휴일' 개념은 통상적인 '휴식'이나 '휴일'의 의미로 들리지 않습니다. '휴일'에는 '자급자족' 활동뿐만이 아니라 재충전을 위해서 책

을 읽거나 아무것도 하지 않는 식의 휴식도 필요한 게 아닌지요?

A: 물론 그런 휴식도 필요하지요. 다만, 제가 생각하기에 정다운 사람들과 함께 즐겁게 '생산'을 하는 것만큼 흥겨운 오락은 없습니다. 놀이를 하듯 함께 노래도 부르고 모여서 밥도 해먹고 잡담도 하고 내키면 술을 한 잔 걸칠 수도 있고요. 이 책에도 소개한 '스트로베일 하우스'를 만드는 워크숍을 해보았더니, 짚으로 만든 블록 위에 흙을 바르면서 모두가 아이들처럼 즐거워했습니다. 워크숍에서 처음 만난 이들이 끝날 때쯤에는 10년 지기처럼 친해졌지요.

소수의 왕과 귀족이 아닌 보통사람들의 생활에서 '일'과 '놀이', '취미'와 '사회 활동'을 구분하기 시작한 건 대량 생산을 위해 공장 노동자를 임금으로 고용하는 방법을 채택한 '서구적 근대' 문명의 산물입니다. 이런 시스템과 사고방식은 인류의 역사에서 아주 짧은 기간 유지된 것이지 '만고불변의 법칙'이 아닙니다. 자기가 먹고 입고 쓰는데 사용할 것을 스스로의 힘으로 만들 수 있다는 걸 자각하고 실천할 때 인간이 느끼는 성취감은, 단순히 돈을 많이 벌거나 입신출세를 통해 얻는 보상과는 비교할 수 없는 수준의 만족감을 줍니다. 이러한 생산 활동에 참여하여 몸과 머리를 균형 잡히게 사용하면 당연히 삶이 건강해질 수밖에 없습니다. 무엇보다도 여럿이 함께 하는 '건강한 관계'에서 얻는 '행복감'은 그 어떤 쾌락과도 바꿀 수 없습니다. 이런 만족감과 건강을 돈으로만 살 수 있는 사람은 돈이 많이 들 수밖에 없겠죠. 그 돈을 지불하고도 진정한 휴식을 취하거나 행복을 느낄 수 있는지는 알 수 없지만요.

놀이로서의 자급자족 활동 외에 명상을 하거나 책을 읽거나 여행을 하는 '개인의 휴식'은 당연히 필요합니다. 이 책에서는 다루고 있지 않지만,

공동의 놀이와 개인의 휴식이 균형 잡히도록 하는 것도 중요하다고 생각합니다.

Q: '3만엔 비즈니스'를 바탕으로 한 경제와 사회 시스템은 비현실적인 이야기처럼 들립니다.

A: 저는 일본인들에게 '일본의 2,000년 역사 중 가장 행복했던 시절이 언제일까?'라는 질문을 던지곤 합니다. 일본이 세계 '초일류' 선진국이 됐고, 과학기술도 많이 발전해 있는 '현재'라고 답변할 거라고 짐작하지 않나요? 그런데 뜻밖에도 답은 200년 전 '에도시대'입니다. 경쟁사회에 지친 일본인들이 자연이나 이웃과 함께 하던 과거의 '슬로우 라이프'를 동경하는 것입니다.

경제사학자들의 조사에 의하면 에도시대의 '경제생산성'은 지금의 1/400이었고 사람들은 하루 평균 5시간을 일했다고 합니다. 이는 현대인이 에도시대와 똑같은 수준의 '물질적 윤택함'을 얻거나 그 정도의 '물질적 윤택함'이 담보하는 '행복'을 얻기 위해서는 5시간의 1/400인 45초만 일하면 된다는 이야기입니다. 하지만 지금 일본인들은 하루 평균 10시간씩 일하고 있습니다. 당시의 두 배가 된 거죠. 그럼 1인당 생산량은 400배가 아니라 800배가 됐어야 합니다. 과연 현재의 일본인들이 에도시대 일본인들보다 800배나 부유한가요? 아니면 그만큼 행복해졌나요? 도대체 이 모순적인 결과는 어디에서 오는 걸까요?

여러분은 이미 답을 알고 계십니다. 저는 현대인이 '시스템의 올가미'에 빠져 있다고 생각합니다. '슈퍼 리치' 한 명을 만들기 위해 '보통사람' 1만 명이 죽도록 일해야 하는 시스템 말입니다. 제가 이 책 『3만엔 비즈니스,

적게 일하고 더 행복하기』와 이미 한국에서도 출간된『플러그를 뽑으면 지구가 아름답다』라는 책에서도 소개했지만, '돈과 에너지에 의존하지 않는' 자급자족 생활의 지향점은 우리 모두가 이런 시스템의 덫으로부터 벗어나는 것입니다.

여담이지만, 일본 최고의 부자로 알려진 소프트뱅크사의 손정의 씨에게 하루 평균 몇 시간 정도 일하는지 물어봤습니다. 열일곱 시간이라고 하더군요. 여러분도 손정의 씨만큼 부자가 될 수 있다면 매일 하루 열일곱 시간씩 일하는 것도 마다하지 않으시렵니까?

Q: '시스템의 올가미'라고 하셨는데 '음모론'*에 공감하시는 건가요?

A: 3.11. 도호쿠 쓰나미 사태와 후쿠시마 핵발전소 사고에 대해 일본 언론은 전자는 자연재난이고 후자는 인재라고 표현을 합니다. 일본의 한 저명한 인류학자는 조금 다르게 표현하더군요. 후쿠시마 핵발전소 사고는 인재가 아니라 '문명의 재난'이라고. 저는 소수의 사람이 세상의 일을 커튼 뒤에서 조종하고 있다는 식의 음모론에는 동의하지 않습니다. 그보다는 인류 문명, 그중에서도 앵글로색슨 중심의 정복민족 문명이 세계를 지배하면서 필연적으로 현재의 결과에 이른 게 아닌가 생각합니다.

Q: 한국에서도 최근 몇 년 동안 '1,000개의 직업'과 같은 '사회적 기업의 창업'이나 '스몰 비즈니스', '지역경제' 붐이 일고 있습니다. '3만엔 비즈니스'가 이러한 움직임과 다른 점은 무엇인지요?

＊conspiracy theory, 사회에 큰 반향을 일으킨 사건의 원인을 명확하게 설명하지 못할 때, 배후에 거대한 권력조직이나 비밀스런 단체가 있다고 해석하는 것.

A: 큰 흐름 안에서는 같은 목적과 정신을 추구한다고 생각합니다. 다만, 저는 발명가이자 기업가로서의 제 경험을 살려서 정리한 비즈니스 방법론을 하나의 선택지로 제시한 것일 뿐입니다. 일본에서도 10여 년 전부터 '사회적 기업' 창업 붐이 뜨거웠지만 성공 사례를 찾기가 쉽지 않습니다.

제가 그 이유를 분석해보고 얻은 결론은, 이들이 수익을 내기 위해서 기존 기업의 비즈니스 모델을 흉내 내고 있는 게 아닌가입니다. 즉, 좋은 아이템을 발굴해서 수익을 많이 올릴수록 좋다고 생각하는 것이지요. 물론 그렇게 해서 얻은 수익의 용처는 다르겠지만요. 아무튼 이렇게 되면 결국 경쟁 비즈니스와 자본이 관심을 갖게 되고, 이들과 경쟁을 해야 하는 상황에 처할 수 있습니다. 같은 아이템을 놓고 수단과 방법을 가리지 않는 '프로페셔널' 비즈니스와 경쟁을 하게 되면 백전백패할 수밖에 없습니다. 소비자에 대한 상품의 소구력, 기업의 운영 원리나 수익, 재무 등에 익숙하지 못한 '착한 사람'들이라서 돈을 못 버는 경우도 많이 있고요.

간단하게 정리하면, 첫째 '착한 일'만 하는 '3만엔 비즈니스' 아이템을 복수로 운영해서, 둘째 경쟁하지 않으면서도 '적절한' 현금소득을 올리고, 셋째 '좋은 친구와 동료'를 많이 만들어서 이들과 함께 남는 시간을 자급자족 활동에 사용하여, 넷째 지출도 줄이고 '시스템'에 의존하지 않는 라이프스타일을 실현한다. 이것이 '3만엔 비즈니스'의 요체입니다.

Q: '착한 일'은 어떤 일입니까?

A: '착한 일'은 '나쁘지 않은' 일입니다. '나쁜 일'은 자신의 욕망을 충족하기 위해서 다른 사람들과 자연에게 해를 끼치는 일을 말하지요.

Q: 정말로 그렇게 좋은 아이템들이 많이 있나요? 이 책에 나오는 '3만엔 비즈니스'의 사례 중에서 가장 좋은 것 딱 한 가지만 꼽아서 소개해주실 수 있나요? 또 이런 사례들 중에서 이미 성공한 게 있나요? 선생님처럼 경험이 많으신 분들은 몰라도 평범한 사람들이 좋은 아이템을 쉽게 발굴해낼 수 있나요?

A: 이 책에는 모두 스물한 가지의 사례가 소개되어 있는데, 일본의 사례라서 한국 실정에 맞을지는 모르겠습니다. 책이 출간된 지가 1년밖에 안 되어서 확실한 성공 사례도 아직 없습니다. 현재 많은 사람들이 자기만의 비즈니스 모델을 만들기 시작하고 막 실천해보는 단계라고 생각합니다.

제가 이 책을 쓰면서 의도한 것은 많은 사례를 소개해서 그 중 입맛에 맞는 걸 골라보라는 게 아닙니다. 이 책에서 설명한 이론과 원리를 적용해서 자신만의 비즈니스 모델을 만들고 실험해보라는 것입니다. 여기서 중요한 것은 이런 작업을 혼자 하는 게 아니라 여럿이 같이 하는 것, 그리고 많은 사람들과 공유하는 것입니다.

여러분은 인터넷이라는 훌륭한 도구를 이용해서 전 세계 사람들과 정보를 공유하거나 거의 실시간으로 협업할 수 있습니다. '3만엔 비즈니스'는 경쟁에서 이기기 위해 독점하는 영업 비밀이 아니라 모두와 공유하고 협업하는 것이므로 이런 작업이 쉽고 자연스럽게 이루어집니다. 한 사람이 맨 처음 낸 아이디어는 보잘 것 없을 수 있지만, 여럿이 지혜를 모으고 이를 다듬는 과정을 최소한 세 사이클만 거치면 누구나 무릎을 치는 보석 같은 아이디어로 변할 수 있습니다. 이른바 '집단지성'의 힘이지요. 물론 벽에 부딪혔을 때는 저처럼 경험 많은 사람의 조언이 필요할 수도 있겠죠.

이미 말씀드렸듯이 '3만엔 비즈니스'는 돈이 많이 들지 않기 때문에 실패해도 리스크가 적습니다. 여러분에게 '좋은 친구'와 '시간'과 '체력'만 있다면 얼마든지 같이 생각하고 다듬고 실행해볼 수 있습니다. 물론 실패도 하실 겁니다. 실패는 여러분의 비즈니스 모델을 더욱 다듬고 소중한 경험을 쌓을 수 있는 좋은 기회입니다. 마음껏 실행해보시고, 실패든 성공이든 결과를 공유해주세요. 여러분의 노력은 어떤 방식으로든 보상받을 겁니다.

Q: '3만엔 비즈니스'의 사례를 보면 대부분 시골(지방)에 사는 젊은이들이 도시의 소비자를 대상으로 돈을 버는 형태가 많은 것 같은데그 반대의 경우라든가, 시골(지방)의 소비자를 대상으로 한 '3만엔 비즈니스'는 없나요?

A: 출발점은 시골지방에 사는 젊은이들을 돕기 위한 것인데, 두 가지 이유가 있습니다. 우선 제가 추구하는 시스템에 의존하지 않는 '자급자족'적 생활은 도시에서 실천하기가 쉽지 않습니다. 도시에선 아무래도 더 많은 수입이 필요할 수밖에 없고, 만족할만한 수입을 올리려면 자급자족에 필요한 시간이 줄어들 수밖에 없습니다.

다음으로 지방 경제 활성화라는 목적이 있습니다. 일본과 한국은 고도 경제 성장과 글로벌라이제이션이라는 흐름 안에서 현재의 중앙 집권형 경제 시스템이 갈수록 강화되는 추세입니다. 지방에서 도시로, 도시에서 아예 해외로, 일거리와 사람과 돈이 일방적으로 흘러가는 것이죠. 지방의 독립적이고 자족적인 경제를 되살리고 싶어도 지금처럼 체력이 약해진 상황에서는 불가능하다는 게 제 생각입니다. 그래서 일단은 도시에 집중된 돈과 일거리와 사람을 되돌리는 작업이 필요합니다. 이것은 '싸워서 다시 빼앗는다'가 아니라 '되찾는' 것이고, '지역별 과잉과 과소 상황'을 해소해서 균형을 맞추는 일입니다. 지방 경제가 다시 자족성을 갖출 정도의 체력을 회복하기 위해서는 이런 흐름이 앞으로 10~20년은 지속되어야 할 겁니다.

그렇다고 제가 도시에서 '3만엔 비즈니스'의 가능성을 부정하는 건 아닙니다. 도시의 '지역화'와 연관된 비즈니스라든가, '도시농업'을 통한 자급자족 활동을 생각해볼 수 있습니다. 지방에 사는 '3만엔 비즈니스' 사업자와 도시에 거점을 둔 '3만엔 비즈니스' 사업자가 협업을 하는 것도 고려할 수 있습니다. 이 책의 '4부'에서 소개한 '잉여채소 배달 비즈니스'가 그 예입니다.

여하튼 '3만엔 비즈니스'의 출발점은 도시 근교의 지역이나 지방에 거주하는 사업자가 도시에 거주하는 소비자를 대상으로 하는 경우가 많을 것 같습니다. 제가 자주 사례로 들고 있으며 제가 운영하는 '비전력공방'이 있는 도치기 현의 나스는 도쿄에서 기차나 자동차로 세 시간 정도 떨어져 있는 '시골'인데 도쿄사람들이 많이 찾습니다.

Q: 지방경제를 활성화하는 청년 프로젝트에서 주의해야 할 점이 있다면 무엇인가요?

A: 젊은이들이 지방에서, 특히 자신이 사는 지역 경제를 활성화하기 위해서 여러 가지 의미 있는 일들을 하는 걸 돕고자 하는 게 제가 이 책을 쓴 목적이기도 합니다. 두 가지를 말씀드리고 싶은데 첫째, 청년들이 기존의 사업자들과 경쟁 관계에 놓이는 것, 즉 기존의 지방상인 매출을 빼앗는 건 바람직하지 않습니다. 젊은이들은 아무래도 기존의 상인들에 비해 '신선한 감각'과 '정보'를 갖추고 있으며 소비자를 소구하는데도 유리한 입장에

있습니다. 이러한 이점은 기존의 지방시장 소비자보다 외부, 특히 대도시의 소비자를 끌어들이는데 쓰여야 하지 상대적 약자 입장에 있는 기존의 지방상인 매출을 나눠 갖는데 쓰여서는 안 됩니다.

둘째, 이렇게 새로운 시장과 소비자를 끌어들이기 위해서는 대도시 소비자가 '꼭 이곳에서만 발견할 수 있는' 상품과 아이템을 개발해야 합니다. 대도시에서도 발견할 수 있는 정도의 것이라면, 굳이 대도시 소비자가 지방에 내려와서 돈을 쓸 이유가 없습니다. 결국 지방의 소비자만 끌어들이는 기존 시장 내에서의 경쟁구도에 빠질 수밖에 없습니다.

Q: 저는 귀촌하여 소수력, 태양열 온수기 등 여러 분야의 적정기술 연구에 관심을 갖고 있는 농민입니다. 제가 사는 시골은 인구 2만 명 정도의 작은 규모로 대부분의 주민들은 매우 보수적이고 관행농에 익숙하여 '적정기술'이나 '재생에너지' 등에 별로 관심을 보이지 않습니다. 오히려 저처럼 귀촌이나 귀농한 사람들만이 저와 관심사를 공유하게 되는 것 같습니다. 제가 '적정기술'을 활용해서 '3만엔 비즈니스'를 해볼 방법이 있을까요?

A: 사람들의 '문화'를 바꾸는 건 매우 어려운 일입니다. 더구나 지방에 거주하는 분들의 보수적인 생각과 관심사를 변화시키는 건 거의 불가능에 가깝습니다. 우선 '적정기술'의 취지에 공감하고 같이 하고 싶어 하는 '귀농·귀촌'인들과 함께 작업을 하시는 게 좋을 것 같습니다. 그러는 가운데 '성공사례'를 많이 만들고 현금 수입도 올리는 모습을 보여주면 기존의 주민들도 자연스럽게 관심을 가질 수밖에 없습니다.

지방 거주민을 대상으로 비즈니스를 하는 것도 대단히 어렵습니다. 소비할 돈이 별로 없으니까요. 그래서 '3만엔 비즈니스'는 주로 도시의 소비자들을 소구하는 상품을 많이 염두에 두고 있기는 합니다.

지방 거주민들을 대상으로 가능한 비즈니스는 딱 두 가지뿐입니다. 이들의 '지출을 줄일 수 있도록 돕는' 비즈니스나, '수입을 늘릴 수 있도록 돕는' 비즈니스를 제공하면 모두 대환영입니다.

먼저 지출을 줄이는 경우를 생각해보지요. 원래 시골 생활은 돈이 많이 들지 않습니다. 많은 것을 자급자족으로 해결할 수 있기 때문이지요. 그런데 산업화와 도시화에 따른 '도시적 라이프스타일'이 확산되면서, 시골에 사는 사람들도 '자급자족'을 포기하고 돈과 에너지를 많이 사용하는 생활 방식에 끌리게 됐습니다. 당연히 지출이 늘어났죠. 이를 되돌릴 수 있는 방법을 제공하는 비즈니스를 생각해볼 수 있습니다.

'태양열 온수기'가 좋은 예입니다. 이때 문제가 되는 게 가격입니다. 도시에서의 사용을 전제로 만들어진 제품들은 가격이 비싸기 마련입니다. 공간이 적으니까 지붕에 올려야 하고, 지붕에 올리면 비바람에 견딜 수 있도록 튼튼하게 만들어야 하겠죠. 면적당 효율이 높아야 하는 건 물론입니다.

그런데 시골이면 이야기가 다릅니다. 공간이 얼마든지 있으니까 꼭 지붕에 올릴 필요도 없고 튼튼할 필요도 없고 효율이 좀 낮아도 됩니다. 크게 만들면 되니까요. 또 구조도 간단하니까 쓰다가 고장이 나도 자급자족 능력이 뛰어난 시골분들은 직접 고칠 수 있습니다. 이런 게 바로 '적정기술'이지요. 이렇게 되면 지방 거주민들이 구입할 정도의 적절한 원가와 가격을 책정할 수 있습니다. 적당한 가격에 지출을 줄여주는 상품이라면 구매하지 않을 이유가 없습니다. 적정기술을 비즈니스로 연결하고 싶으시면 관심의 폭을 너무 넓히기보다는, 이렇게 지방에 거주하는 소비자가 구매의지를 가질 수 있는 분야로 집중하는 편이 좋지 않을까 합니다.

지출을 줄이기 위해서 어떤 아이템이 좋을지는 지역주민들의 소비패턴을 분석하면 발견할 수 있습니다. 구체적으로는 이 책의 '2부'를 참고해보세요. 지방 거주민의 수입을 늘려주는 비즈니스로는 이 책의 '4부'에 소개된 '왕겨 단열재 비즈니스'를 참고해보시기 바랍니다.

Q: 저는 대학생인데 아르바이트를 하면서 용돈과 학비를 벌고 있습니다. 생계를 책임지는 사회인보다는 오히려 저와 같은 처지의 학생에게 '3만엔 비즈니스'는 구미가 당기는 이야기입니다. 하지만 저와 같은 학생은 당장 '3만엔 비즈니스'를 시작하려고 해도 가진 기술이 없어서 곤란할 것 같은데 어떻게 해야 하나요?

A: 대학생뿐만이 아니라 사회인 중에서도 '3만엔 비즈니스'를 시작하고 싶지만 아무 기술이 없거나 도움을 청할 사람도 없고 무엇부터 시작해야 할지 몰라서 고민하는 이들이 적지 않을 겁니다. 즉, 기술, 동료, 아이템 등 비즈니스가 성립할 3대 요소가 모두 결여된 것이죠. '3만엔 비즈니스'가 꼭 기술을 전제로 해야 하는 건 아니지만, 좋은 상품을 만들기 위해서는 아무래도 적절한 기술을 갖추는 게 필요합니다. 그러면 어떻게 기술을 포함한 3대 요소를 얻을 수 있을까요? 기술을 배우려면 시간과 돈이 많이 들지 않을까요?

좋은 방법이 있습니다. 우선 한 달에 5~6일만 NGO나 NPO의 자원 활동과 같은 '사회 활동'에 참여해 보세요. 활동을 하면서 사회에서 곤란을 겪고 있는 분들을 만날 수 있겠죠. 이 분들의 문제를 해결해주는 것이 바로 '아이템'이 됩니다. 또 분명히 좋은 친구와 동료들을 많이 만날 수 있을 겁니다. 이렇게 '동료'를 얻습니다. 마지막으로 이렇게 의기투합할 수 있는 좋은 친구들이 많이 생기면 이들과 함께 '기술'을 배우는 겁니다.

하나의 '3만엔 비즈니스'를 하기 위해 다섯 가지 기술이 필요하다고 가정해봅시다. 그리고 한 가지 기술을 배우는데 6개월이 걸린다고 칩시다. 이걸 혼자서 배우려면 각각의 기술을 배우는데 돈이 들뿐더러 시간도 30개월이나 걸립니다. 그런데 다섯 명의 동료가 하나씩 기술을 배워서 이를 공유한다면, 한 가지 기술을 배우는 시간과 비용으로 1년 만에 다섯 가지 기술을 익힐 수 있을 겁니다.

제가 기술이라고 표현했지만, 이런 역할 분담은 판매하려는 제품의 공급처 확보일 수도 있고 위탁 제조를 위한 생산자 확보일 수도 있습니다. 다섯 명 혹은 열 명이 각각 필요한 부분을 맡아서 기술과 수단을 공유하면, 그룹에 속한 이들은 각자 자기가 사는 지역에서 '3만엔 비즈니스'를 할 수 있습니다. 이 책의 곳곳에 그런 방법들을 소개하고 있습니다.

이런 방식으로 '3만엔 비즈니스'를 한다고 생각해보세요. 아마 학생은 한 달에 5~6일은 의미 있는 사회 활동을 하고 이틀은 '3만엔 비즈니스'를 하고 나머지 22~23일은 공부에 전념하실 수 있을 겁니다. 한 달 내내 공부에만 전념하는 것보다 이게 더 재미 있고 의미도 있지 않을까요?

Q: 요새 한국 사회에선 '카드빚' 등 채무 문제로 고생하는 젊은이들이 많습니다. 이런 젊은이들에게 '3만엔 비즈니스'는 너무 먼 이야기처럼 들립니다. 이런 젊은이들이라면 정부 주도의 사회적 구제제도와 같은 시스템이나 제도적 변화의 도움이 우선되어야 하지 않을까요?

A: 물론입니다. 제가 제시하는 방법론은 사회나 정치, 제도의 변혁과 상충하지 않습니다. 모두 필요한 일이라고 생각합니다. 다만, 제도와 정치

를 개혁하기 위해 노력하는 분들도 있고, 저처럼 다른 방법으로 변화를 추구할 수도 있습니다. 일본의 경우, 사회와 정치의 변화는 시간이 너무 많이 걸리고 힘이 들기 때문에 저는 이런 방법을 택한 것입니다.

질문의 경우처럼 우선 사회적 구제제도로 최소한의 생존조건을 확보한 후 돈을 벌기 위해 '3만엔 비즈니스'를 생각해볼 수 있다고 생각합니다. 앞 대학생의 경우처럼 아무런 기술도 갖지 않은 분들은 우선 '사회적 활동'을 하면서 '좋은 친구'를 많이 만드는 게 '3만엔 비즈니스'의 우선조건이라고 할 수 있겠죠.

저는 굳이 '경쟁사회'와 '경쟁 비즈니스', '글로벌라이제이션'에 도취되어 있는 분들과 논쟁을 벌이거나 그분들을 설득하고 싶은 생각은 없습니다. 사람의 생각과 문화를 바꾸는 건 정말로 힘든 일입니다. 저는 그럴 시간에 제가 제안하는 대안이 얼마나 매력적이고 현실적인 것인지를 실증해보이고, 제 이론을 정교화 하는 게 더 중요하다고 생각합니다. 이게 가능하다면, 굳이 설득하지 않아도 많은 분들이 직접 보고 느낀 뒤에 이와 같은 삶의 양식과 방법을 선택할 것입니다.

앞에서 3.11. 후쿠시마 원전사고가 문명의 재난이라고 말씀을 드렸지만, 저는 인류 문명이 적절하게 브레이크를 밟을 수 있을지 확신이 없습니다. 저는 물리학을 전공한 과학자로서 핵 발전의 위험성을 잘 알고 있었기에 오래 전부터 가능하면 일본 내의 핵발전소가 전부 가동을 중지하기를, 그리고 그전에 절대로 큰 사고가 일어나지 않기를 기원해왔습니다. 하지만 결국 사고가 났고, 앞으로 5년이 될지 10년이 될지, 아니면 그 이상이 될지도 모르는 세월 동안 일본의 어린이들이 많은 고통을 받을 거라고 생각합니다. 제 가족을 포함한 많은 일본인들은 이미 고난을 각오하고 있습니다. 말로만 다짐하는 게 아니라 저는 제가 사는 나스지역에서 어린

이들이 가능하면 안전하게 생활할 수 있도록 오염을 최소화할 수 있는 방법을 연구하고 실천하는 NPO에 깊이 관여하고 있습니다.

글로벌라이제이션의 극단으로 치닫는 한국의 FTA나 일본의 환태평양경제동반자협정TPP 논의도 좋은 예입니다. 많은 사람들이 반대했지만, 결국 한미 FTA는 체결됐습니다. 이런 시스템은 결국 파탄에 이를 때까지 계속 질주할지도 모릅니다. '돈과 에너지에 의존하지 않는 풍요로움'을 실천하는 '비전력공방'이나 '3만엔 비즈니스'와 같은 '나눔의 비즈니스'가 추구하는 방법론은, 이런 문명의 움직임을 감속시키기 위한 노력이기도 하지만 어쩌면 불가피하게 찾아올지 모를 문명의 파탄에 대비하기 위한 것일 수도 있습니다.

나오는 글
놀이하듯 비즈니스하기

저는 지난 30여 년 동안 착한 사람들이 곤경에 처해 있을 때 해결책을 제시하는 게 발명가의 사명이라고 생각하며 살아왔습니다. 때문에 곤궁한 처지에 있는 사람들이 많은 곳을 주로 찾아다녔습니다. 대부분 경제적으로 낙후한 곳인데, 아프리카와 중남미의 여러 국가와 아시아의 저개발 국가들입니다. 일본의 지방도 포함됩니다.

아프리카 짐바브웨에 갔을 때, 식수 부족으로 곤란을 겪고 있는 사람들을 만났습니다. 수도시설이 없고 우물을 파도 지하수를 얻을 수 없는 곳이었습니다. 그들을 돕기 위해 제가 제공한 작은 선물은 '빗물 정화장치'였습니다. 초등학교 지붕에 빗물을 받아 식수로 쓸 수 있게 만들어준 작은 '발명품'입니다. 비용이 거의 들지 않고 학생과 주민들 스스로 쉽게 만들 수 있는 아주 간단한 구조입니다. 세균이나 화학물질을 걸러낼 수 있도록 필터를 설치한 게 굳이 발명이라 부를 수 있는 요소입니다. 물론 이 선물을 받고 모두들 기뻐했습니다.

이렇게 제가 직접 해결책을 만들어주는 것도 좋지만 더 근사한 생각이 떠올랐습니다. 곤경에 처한 사람들을 돕는 '일거리'를 만들어주는 것입니다. 이 일거리는 자신들이 처한 '문제'를 해결하는 일거리이고, 제가 아니라 바로 현지에 계신 분들의 '일거리'입니다. 문제도 해결되고 일거리도 생기니 일거양득입니다. 경우에 따라서는 일거리의 지속성도 담보할 수 있습니다.

이런 생각으로 시도해본 게 몽골의 유목민을 위한 '비전력 냉장고'였습니다. 전기가 없는 초원에서 양고기가 쉽게 상하는 걸 막기 위해 전기를 사용하지 않는 냉장고를 발명했습니다. 유목민들이 구매할 수 있는 정도의 가격과 현지 기업가들이 이익을 낼 수 있는 원가도 상정했습니다. 결국 양 한 마리 분의 원가와 양 두 마리 분의 가격이라는 비즈니스 모델을 설정하고 이에 맞는 냉장고를 설계했습니다. 역시 모두가 기뻐했습니다.

이런 저런 시도를 하는 와중에 '지방에서 좋은 일을 하면서 즐겁게 돈 벌기'라는 화두가 떠올랐습니다. 지방은 사람과 일자리와 돈이 줄어드는 악순환이 반복되고 있습니다. 문제를 해결할 수 있는 여력 자체가 고갈되고 있는 게 현실입니다. 전 세계 어디나 마찬가지입니다.

좀 더 구체적으로 '이론'을 정리해서 이곳저곳에서 기회가 날 때마다 교육을 했습니다. 10여 년 동안 계속한 결과, 일본에서는 약 700여 명이 과정을 이수했습니다. 지금은 모두들 자신의 자리에서 일거리 만들기에 열중하고 있습니다. 그 동안의 노력이 작은 결실을 얻은 정도라고나 할까요.

10여 년의 시간 동안 저도 깨달은 바가 있습니다. '일거리 만들기를 심각하게 받아들이게 해서는 안 된다.'는 점입니다. 직업을 고르고 일자리를 찾는 건 사람의 평생을 좌우하는 중대사입니다. 심각하게 생각하고 리스크를 너무 많이 고려하면 대부분의 사람들은 걱정이 앞서서 아무런 시도도 하지 못하게 됩니다.

'재미있게 놀이를 하듯이 비즈니스를 할 수는 없을까?'라는 생각을 구체화한 게 '3만엔 비즈니스'입니다. 이 내용을 4년 전부터 일본 각지에서 강연할 때 사용했더니 작게나마 유행어가 됐습니다. 강연을 통해서 충분히 전달되지 못한 내용 때문에 생긴 오해도 없애고, 구체적인 사례도 더 제공하고 싶어서 책으로 출간했습니다.

'지방에서 일자리 만들기 워크숍' 1~3기에 참석하신 분들의 회의 결과를 책에 반영했습니다. '비전력공방'이 있는 나스마찌에 거주하는 젊은이들의 '비즈니스 모델'도 사례에 넣었습니다. 협력해주신 분들께 깊이 감사드립니다.

이 책이 '지방에서 착한 일 하면서 즐겁게 돈 벌기'에 미력하마나 도움이 되고 꿈과 희망을 잃었던 젊은이들에게 용기를 되돌려 줄 수 있기를 기원해봅니다.

옮긴이의 글
새로운 살림살이 만들기

　번잡한 도쿄를 떠나 늘 새소리와 시냇물소리가 들리고 밤이면 반딧불 일룽거리는 나스의 '비전력공방'으로 이주한 지도 어느새 5개월이 되어 갑니다. 고층건물 오피스 대신 부엌, 밭, 공방, 작업장, 스트로베일하우스 공사 현장을 오가면서 시간을 보내는 극적인 변화도 슬슬 적응이 되어가는 것 같습니다.
　생태적 삶과 윤리적 삶에 대한 고민이 자연스럽게 인도해준 길이긴 하지만, '돈과 에너지에 의존하지 않는 풍요로움'이라는 '비전력공방'의 모토를 확실하게 이해할 수 있게 된 것은 운좋게도 『3만엔 비즈니스』를 한글로 번역할 기회를 얻고나서입니다.
　'비전력공방'은 스스로 먹을 채소를 재배하고, 자연친화주택을 짓고, 재생에너지를 생산하고, 불가피하게 필요한 '약간의 현금 수입'은 착한 사람들과 착한 일만 하는 '3만엔 비즈니스'로 벌어들입니다. 후쿠시마 핵발전소에서 누출된 방사능 오염물질 제거 활동이나 지구의 날 나스 행사와 같은 지역사회를 위한 시민운동도 적극적으로 주도합니다. 말과 삶을 일치시키기 위해 끊임없이 노력하시는 후지무라 선생님의 모습에 깊이 감동하면서 문하생의 한 사람으로 자부심을 느끼기도 합니다.
　'모범생' 또는 '지식노동자'라는 이름으로 살아오면서 멀리했던 육체노동과 가사노동에 전념하면서 삶의 전일적 균형을 찾아가는 충만감, 24시간 내내 가족보다 더 가깝게 지내는 '비전력공방' 식구들과의 생활을 통해

'공생형사회'의 참의미와 즐거움을 깨닫게 된 것은 또다른 기쁨입니다.

후지무라 선생님이 한국을 방문하셨을 때 많은 분들이 '3만엔 비즈니스'의 실제 성공사례가 있냐는 질문을 하셨는데, 실은 '비전력 문화운동'에 공감하는 '동지'같은 고객들을 대상으로한 워크숍 개최, 비전력제품의 지역 소기업 위탁생산 및 판매 등 '비전력공방'의 '소소한' 현금 창출 방법이 바로 '3만엔 비즈니스'의 모델이기도 합니다.

지난 몇 년 간 해외에서 생활하면서 이웃과 공동체의 이익보다 사익을 우선시하는 풍조가 만연한 한국 사회를 조금 떨어져서 지켜볼 수 있었습니다. 이런 모습은 한국뿐 아니라 세계 곳곳에서 볼 수 있는 광경이기도 합니다. 그런 의미에서 우리와 비슷한 고민을 하고 있는 이웃나라 일본의 '3만엔 비즈니스' 방법론이 어려운 오늘을 살아가는 '한국 젊은이들의 새로운 살림살이 만들어 나가기'에 도움이 되었으면 합니다.

좋은 기회와 많은 도움을 주신 후지무라 선생님과 '비전력공방' 식구들, 연세대 조한혜정 교수님, '나무늘보 클럽'의 쯔지 신이치 선생님, 하자센터 김희옥 선생님, 북센스의 송주영 대표님께 감사 드립니다.

김유익

옮긴이 _ 김유익 facebook.com/yuik.kim

서울, 홍콩, 베이징, 싱가폴, 토쿄 등지에서 다국적 기업의 금융 IT분야 컨설턴트, 프로젝트 매니저로 14년간 근무했다. 토쿄에서 문화 인류학자이자 하자센터 설립자인 조한혜정 교수를 만나게 된 것을 계기로 '하고 싶은 일, 잘 할 수 있는 일, 해야 하는 일'을 찾기로 결심했다. 이후, 일본 도치기현 비전화 공방에서의 연수생 생활, 서울 하자센터에서의 '판돌' 근무 기간 등 3년간의 삶의 전환을 위한 시간을 가졌다. 그 후 2015년부터 한중일을 중심으로 상이한 언어, 국적, 문화, 라이프 스타일을 갖고 있는 시민들과 대안영역을 잇는 '다문화생활 통역자(多文化生活翻译, culture broker)로 일하고 있다. 특히 중국 상하이 지역을 중심으로 화합과 평등을 주제로 '和&同'(Harmony & Equality) 커뮤니티를 만들어 아시아 청년들이 함께 놀고, 일하고, 공부하는 경험을 통해 전환적 삶을 모색하는 것을 응원하고 있다.

비전화공방서울 www.noplug.kr

이 책의 저자인 후지무라 박사는 전기와 화학물질에 의존하지 않고도 더 행복하고 풍요로운 삶을 실현하고 있는 '일본 비전화공방'의 노하우를 전수하기 위해 2017년 2월 서울혁신파크에 '비전화공방서울'을 설립했다. 이곳에서는 일본 비전화공방이 20여년간 축적해온 기술과 경험을 토대로 시민들에게 삶의 안전·행복지수를 높이는 라이프 스타일을 제안하며 '비전화제작자 과정' 등을 개설해 손을 쓰고 움직이며 생산하는 기쁨, 기술을 익히는 즐거움, 따뜻한 인간관계, 오감으로 느끼는 자연 등 대도시에서 잘 살아가기 위한 '자립과 공생기술'을 가르친다. 플러그를 뽑은 다음에 펼쳐질 가능성을 상상할 수 있다.

30만원으로 한 달 살기
적정기술 발명가 후지무라 박사의 행복한 삶의 방식

초판 1쇄 인쇄 2012년 09월 17일
개정판 1쇄 인쇄 2017년 07월 01일
개정판 1쇄 발행 2017년 07월 07일

지은이 후지무라 야스유키
옮긴이 김유익
펴낸이 송주영
펴낸곳 북센스
영   업 박선정
편   집 이재희
디자인 이슬미
표지디자인 나인플럭스
표지일러스트 최예진

출판등록 2004년 10월 12일 제 313-2004-000237호
주소 서울시 은평구 통일로 서울혁신파크 미래청 401호 전화 02-3142-3044 팩스 0504-982-3044
홈페이지 booksense.co.kr 이메일 ibooksense@gmail.com
ISBN 978-89-93746-33-4 (03800)

이 책은 환경보호를 위해 재생종이를 사용하여 제작했으며
한국간행물윤리위원회가 인증하는 녹색출판 마크를 사용했습니다.

이 책에 실린 모든 내용은 저작권법에 따라 보호받는 저작물이므로
무단 전재나 복제를 금합니다.

값 18,000원